JUAN CARLOS HARRIGAN

COMENZANDO TU DÍA CON DIOS

DIARIAMENTE EN SU PRESENCIA

Publicado por
Pastor JUAN CARLOS HARRIGAN

Derechos Reservados ©
Pastor JUAN CARLOS HARRIGAN

Primera Edición 2020

Por: Pastor JUAN CARLOS HARRIGAN

Titulo publicado originalmente en español:
COMENZANDO TU DÍA CON DIOS

Ninguna parte de esta publicación podrá ser reproducida, procesada en algún sistema que la pueda reproducir, o transmitida en alguna forma o por algún medio electrónico, mecánico, fotocopia, cinta magnetofónica u otro excepto para breves citas en reseñas, sin el permiso previo del editor.

Citas Bíblicas tomadas de la Santa Biblia, Versión Reina-Valera de 1960. © Sociedades Bíblicas Unidas.

Clasificación: Religioso

Para más información:
Pastor **JUAN CARLOS HARRIGAN**
Teléfono: (913) 549-3800
Email: libros@juancarlosharrigan.com
Webpage: www.juancarlosharrigan.com
Facebook: Juan Carlos Harrigan
YouTube: Juan Carlos Harrigan

LIBRO - DEVOCIONAL

De: *Pastor Juan Carlos Harrigan*

Para:_____

CONTENIDO

Agradecimientos	07
Dedicatoria	09
Introducción	11
Día 1. Vivir para hacer Su voluntad	13
Día 2. Cuando el Altísimo camina contigo	18
Día 3. Todopoderoso	22
Día 4. Dios cumplirá su promesa	27
Día 5. ¡No temas! Yo soy tu escudo	33
Día 6. La mano de Dios está sobre ti	38
Día 7. Él siempre está ahí	42
Día 8. Reencontrarte con Dios	46
Día 9. Cuando Jesús está presente	51
Día 10. Enfócate en Jesús	55
Día 11. El Espíritu Santo, nuestro ayudador	62
Día 12. Que nada te aleje de Dios	67
Día 13. Jehová es mi pastor	72
Día 14. Ríos de agua viva	75
Día 15. Cómo acceder a las profundidades de Dios	79
Día 16. Un milagro en tu casa	84
Día 17. Agrada a Dios antes que a los hombres	91
Día 18. Sé fiel	96

Día 19. Mantente en casa 100
Día 20. La duda y el doble ánimo 105
Día 21. Nada ni nadie te detendrá 110
Día 22. Personas conflictivas 115
Día 23. Que no te duerma Dalila 123
Día 24. Volvió a razonar 129
Día 25. Su palabra por encima de todo 134
Día 26. No dejes morir a Josué 139
Día 27. Muévete por la palabra 143
Día 28. Que la tormenta no te robe la esperanza 149
Día 29. No escondas la gloria que hay en ti 155
Día 30. No desistas 161
Acerca del Autor 165

AGRADECIMIENTOS

Gracias a **Dios**, el Padre, por escogerme desde la eternidad para darme la gran responsabilidad de un ministerio, de enseñar las Sagradas Escrituras y pastorear a parte de sus hijos.

A **Jesús**, mi Salvador, por su amor y sacrificio en la cruz del Calvario por todos nosotros.

Al **Espíritu Santo**, mi mejor amigo, mi guía y maestro, inspiración constante y permanente en mi vida. Gracias por permitirme gozar de su presencia, su guía, enseñanza y cuidados. ¡Para Él es toda la Gloria!

A **Diana**, mi esposa, columna fundamental en mi vida y ministerio. Gracias a su amor, compañía, apoyo y oraciones he podido desarrollar mi ministerio y vida en Dios.

A **Ismael, Samuel y Emmanuel**, mis hijos, mi mayor motivación para continuar y triunfar.

A todos los amigos y hermanos de la iglesia *Casa de Dios para las Naciones*, quienes me apoyan en el desarrollo del ministerio que Dios me ha confiado.

A todos, muchas gracias.

DEDICATORIA

A los miles de creyentes que saben, reconocen y aceptan que la única vida feliz y completa es la que se vive en total comunión con Dios. Comenzar el día en oración y leyendo las Escrituras nos asegurará la compañía, la guía, la ayuda y la protección del Espíritu Santo durante toda la jornada.

«¿Qué es el hombre, para que lo engrandezcas y para que pongas sobre él tu corazón y lo visites todas las mañanas, y todos los momentos lo pruebes?»
—Job 7:17-18

INTRODUCCIÓN

Dedicar tiempo cada mañana para estar a solas con Dios ha sido fundamental en mi vida y ministerio. Ver cada día la misericordia de Dios me lleva a la gratitud de poder experimentar su amor y fidelidad.

«Por la misericordia de Jehová no hemos sido consumidos, porque nunca decayeron sus misericordias. Nuevas son cada mañana; grande es tu fidelidad» (Lamentaciones 3:22-23).

Cuando veo que estos versículos cobran vida y se vuelven una realidad, me doy cuenta de la importancia de tener una vida de gratitud ante Dios, rindiendo todo lo que soy y lo que tengo.

He aprendido que una forma de agradecerle a Dios por sus misericordias es pasar tiempo a solas con Él, en oración y estudiando Su Palabra. Créeme que he sentido y visto el agrado de Dios y el crecimiento en mi relación con Él.

La visitación de Dios ha sido real y me ha llevado de lo pequeño a lo grande. Puedo asegurarte que dedicarle un tiempo a diario a la oración y a la lectura de la Palabra hará que tus ojos y tus oídos se abran a un nuevo nivel espiritual.

Si dedicas un tiempo a estar a solas con Dios, vivirás experiencias inolvidables, ya que a través del clamor de la oración recibirás revelaciones que nunca antes has visto ni conocido, así como dice el texto de Jeremías 33:3: *«Clama a mí, y yo te responderé, y te enseñaré cosas grandes y ocultas que tú no conoces».*

Comenzando tu día con Dios es un devocional que te llevará por una serie de mensajes que renovarán y revolucionarán tu vida y tu relación con Dios. Tu primer paso cada mañana debe ser dirigido por Dios para que te muestre sus caminos y no te equivoques de senda.

«Muéstrame, oh Jehová, tus caminos; enséñame tus sendas. Encamíname en tu verdad, y enséñame, porque tú eres el Dios de mi salvación; en ti he esperado todo el día» (Salmo 25:4-5).

Al mismo tiempo, te invito a compartir este material con tu familia y amigos. Ver a los padres enseñando la Palabra a sus hijos y llevándolos a crecer en intimidad con Él, produce una gran alegría al corazón de Dios. Recuerda que aquello que les enseñes hoy, determinará su mañana. Si guías a tu familia en la búsqueda de Su Presencia, verás un futuro lleno de bendición y una familia que vive en el temor de Dios, que busca Su voluntad y que se cobija bajo Su Reino.

Permite que este devocional dirija tu vida al conocimiento de Dios, para que seas llevado de victoria en victoria, y logres alcanzar un nuevo nivel espiritual.

¡Comienza tu día con Dios!

Vivir para hacer su voluntad

«Le contestó Jesús: —El que me ama, obedecerá mi palabra, y mi Padre lo amará, y haremos nuestra morada en él» (Juan 14:23 NVI).

Bienvenido a esta palabra que recibí del Espíritu Santo de Dios para tu vida.

Los grandes líderes mundiales disputan el podio del hombre más exitoso del planeta. Pero en verdad, Jesús es el hombre más exitoso de todo el planeta, y de todos los tiempos. No solo por los milagros que realizó ni porque es el nombre más mencionado en toda la tierra y en toda la historia desde que vino al mundo, sino porque su éxito trascendió a la muerte. Muchos hombres reconocidos y exitosos han pasado por esta tierra, pero ninguno ha vencido ni podrá vencer a la muerte. Solo hay uno que se levantó al tercer día de la tumba: Jesucristo, el Hijo de Dios.

¿En qué consistió el éxito de Cristo?

El éxito de Jesús no se basó en las horas que pasaba de oración, aunque es parte de ello. No fueron los cuarenta días de ayuno que hizo. El éxito de nuestro Señor Jesús consistió en que jamás vivió un minuto de su vida para hacer su propia voluntad, siempre se sujetó a los propósitos de Su Padre. Vivió para agradarle y para hacer todo lo que le había encomendado. Él mismo dijo en Juan 6:38: *«Porque he descendido del cielo, no para hacer mi voluntad, sino la voluntad del que me envió»*.

Como su fortaleza era inquebrantable, el diablo no podía derribarlo, no pudo apoderarse ni un segundo de Él. Es que nuestro Salvador no vivió ni un solo segundo para sí mismo, sino que vino a vivir la vida de Su Padre en la tierra. Jesús vino a hacer la voluntad de Aquel que lo había enviado. Ahí estaba su mayor deleite en esta tierra. Deseo desde lo más profundo de mi corazón que ese también sea el tuyo: «Vivir para hacer la voluntad del Padre».

Pablo, el más grande de los apóstoles

Pablo, el más grande de los apóstoles, también fue un hombre poderoso ya que operó en la dimensión de lo sobrenatural. El mismo que mientras iba por el camino a Damasco persiguiendo a la iglesia fue derribado y llamado por Dios. Una vez lleno del Espíritu Santo y bautizado, el Espíritu lo llevó al desierto por casi tres años, donde lo sumergió y lo escondió para enseñarle los misterios que luego escribió. Este Pablo hambriento por predicar, sediento por alcanzar a los demás, ungido para ungir a otros, de pronto, inició un viaje a Asia, y en el camino el Espíritu Santo le dijo: «No vayas a Asia sino a Macedonia». Entonces Pablo entendió que esa era la voluntad de Dios. El secreto del éxito del gran apóstol consistió en que no iba a donde quería, sino donde lo enviaba el Espíritu Santo.

Cuando Pablo, Timoteo y Silas estaban en Macedonia, una muchacha con espíritu de adivinación los perseguía, hasta que Pablo se cansó y reprendió el espíritu que la poseía, y esta se calmó. A causa de ello Pablo y Silas fueron llevados a la cárcel luego de haber sido gravemente azotados, pero a la medianoche, mientras cantaban alabanzas, la cárcel tembló, las puertas se abrieron y las cadenas cayeron. Muchos hablaban de las señales sobrenaturales que rodearon a Pablo esa noche. Cómo alguien tiene tanto poder que puede hacer que las cadenas se caigan. Los salmistas dicen que la alabanza hace que caer las cadenas, es verdad. La alabanza hace que las puertas cerradas se abran, es verdad. Pero la autoridad que Pablo tenía en esa cárcel no era propia. Dios lo había enviado a Macedonia, y como estaba centrado dentro de Su voluntad, lo respaldó con sucesos sobrenaturales. Ese era el secreto. Pablo obedecía la voluntad de Dios.

Nadie podrá detenerte

Cuando caminas en la voluntad de Dios, bajo la dirección del Espíritu Santo, nadie puede detenerte. En este día, mientras lees este libro, tus ojos y tu corazón se abrirán, porque el anhelo ardiente de agradar a Dios y de hacer Su voluntad entrará en ti. Si el Señor te dice: «Ve», tú debes ir. Pero si te dice: «Quédate», debes quedarte. Porque no son tus planes, son los de Él. No son tus sueños, son los sueños de Dios. No soy pastor porque es una actividad lucrativa. Soy pastor porque Él me llamó para que lo sea. No soy predicador porque quiero, sino porque Él me dijo: «Irás a predicar».

Es por eso que digo: «No estás en esta tierra para otra cosa que no sea hacer la voluntad del Padre». Nadie podrá detenerte. Nada ni nadie podía detener a Pablo. Las cárceles no podían detenerlo. Las cadenas se rompían. Lo azotaban y él seguía hacia adelante. Si le lanzaban una lluvia de piedras, él se sacudía el polvo y continuaba caminando. Si tenía un hueso torcido, lo enderezaba y persistía predicando, porque caminaba bajo la voluntad de Dios. Cuando obedeces la voluntad de Dios, podrán lanzarte piedras y acusaciones, pero no podrán detenerte en el camino. Quien sea que se levante contra ti, debe saber que *Dios y tú son más fuertes que toda adversidad*.

El secreto de Moisés

Cuando Moisés llegó a Egipto, hizo todo tipo de milagros. Es más, hasta hoy, no conozco a nadie que haya operado en el mundo espiritual como lo hizo Moisés. Quizás algún día aparecerá alguien, pero todavía no he visto a nadie que haya dividido el mar Rojo o algún otro mar.

Algunas personas dicen que el secreto de Moisés fue el ayuno. ¡No! Porque Moisés no había ayunado y la historia lo confirma. ¿Fue la oración? ¡No! Aunque la oración es parte del milagro, la Palabra no dice que Moisés oraba muchas horas al día. Creo firmemente en el poder de la oración, sé que ese no fue el principal secreto de su autoridad. Entonces, ¿qué hizo poderoso a Moisés en Egipto? ¿Qué hizo a Moisés exitoso en su ministerio? ¡Sencillo! Dios lo llamó, y él respondió. Dios lo envió, y él fue. Moisés no organizó el plan para liberar a Israel, fue Dios, él solo ejecutaba Su propósito.

Si quieres ser exitoso en tu vida y moverte con autoridad en la dimensión sobrenatural debes *«vivir sujeto a la voluntad de Aquel que te ha llamado»*.

> **Comenzar el día con Dios es lo mejor.**

Cuando el Altísimo camina contigo

«Oyó Abram que su pariente estaba prisionero, y armó a sus criados, los nacidos en su casa, trescientos dieciocho, y los siguió hasta Dan. Y cayó sobre ellos de noche, él y sus siervos, y les atacó, y les fue siguiendo hasta Hoba al norte de Damasco. Y recobró todos los bienes, y también a Lot su pariente y sus bienes, y a las mujeres y demás gente» (Génesis 14:14-16).

Abram decidió enfrentar a los cuatro reyes más poderosos de la tierra, cada uno de ellos tenía su propio ejército. Supongamos que cada ejército tenía cinco mil soldados, unidos serían aproximadamente unos veinte mil soldados, más los reyes. Pero Abram tomó trescientos dieciocho hombres de sus criados, nacidos en su casa, fue a pelear, y ganó la batalla. ¿Cómo pudo un ejército de trescientos dieciocho hombres inexpertos enfrentar a un ejército unido de más de veinte mil soldados entrenados?

Aquellos ejércitos tenían soldados, espadas, fuerza, pero Abram, que ya estaba ancianito, caminaba con el Elyón[1], con el más alto, con el más sublime.

¿Qué pasa cuando caminas con el Elyón?

Abram venció a los cuatro reyes, los destruyó y recuperó todos los bienes y a los parientes que se habían llevado cautivos. Al analizar este relato me maravillé. Lo que los cuatro reyes con sus ejércitos no pudieron hacer, lo hizo Abram con unos pocos hombres. ¿Por qué? Porque el Elyón estaba con él.

Este día profetizo sobre tu vida que: «Nadie te vencerá si el Elyón, el Altísimo, está contigo».

Melquisedec fue quien reveló que Dios estaba con Abram, y dijo: «*y bendito sea el Dios Altísimo, que entregó tus enemigos en tu mano. Y le dio Abram los diezmos de todo*» (Génesis 14:20).

Abram no venció porque era fuerte, ágil o porque tenía un gran ejército. Doblegó a los cuatro reyes malvados porque el Elyón estaba con él.

Si estás enfrentando una batalla que crees imposible vencer con tus pocas fuerzas, permíteme decirte: «Pon tus ojos en el Elyón. Confía en el Dios Altísimo y Él te dará victoria donde otros tuvieron derrota».

El Altísimo está contigo mientras lees este libro y lo estará siempre si así se lo permites. No será tu mano la que obtenga la victoria, será la mano del Elyón a través de ti.

Cuando la gente te vea caminando dirá: «Está solo». Pero

---

[1] **Elyón**. Es un epíteto del Dios de Israel en la Biblia Hebrea. Traducido al español es «Dios Altísimo».

bien sabes, que el Elyón camina contigo. El Elyón está ahí. No lo pueden ver, pero el Altísimo te está acompañando. El Elyón está con cada uno de aquellos que sirven a Jesucristo. Por lo tanto, no le tengas miedo al enemigo ni a las circunstancias, porque si el más alto, el más fuerte, está contigo, ¿de quién temerás?

> «No estás solo, el Altísimo está contigo».

¿Por qué tendré temor si el Elyón está conmigo y también contigo?

Triunfa donde otros fracasan

Los reyes de Sodoma y de Gomorra se turbaron y dijeron: «¿Cómo es que este anciano con trescientos dieciocho hombres hizo lo que nosotros no pudimos hacer con diez mil hombres?». Es que, donde no está Dios, los hombres sobran. Miles de soldados no pudieron vencer y Abram con trescientos dieciocho criados, que no eran soldados sino siervos, vencieron. La diferencia estaba en quién acompañaba a Abram. Cuando el Altísimo está con alguien. Cuando el más pequeñito anda con el más alto. Cuando el Altísimo dice que va contigo, que estará a tu lado y que peleará por ti, no importa cuán grande sea la guerra, sucederá lo que esperas, tendrás la victoria. Así fue que Abram recuperó todo lo que los reyes le habían robado y mucho más.

> *Cuando el Altísimo camina contigo, podrás recuperar lo que otros te quitaron y te hará ganar donde otros fueron derribados.*

Declaro en fe que, te levantarás como Abram, caminarás con el Altísimo, con el más alto, el más elevado, el más grande, con el Todopoderoso.

Agradezco al Espíritu Santo por esta palabra fresca que me ha dado para ti en el día de hoy.

Comenzar el día con Dios es lo mejor.

Todopoderoso

«Yo soy el Alfa y la Omega; principio y fin, dice el Señor, el que es y que era y que ha de venir, el Todopoderoso» (Apocalipsis 1:8).

«Todas las cosas por él fueron hechas; y sin él nada de lo que es hecho, fue hecho» (Juan 1:3).

Que la paz y el amor de Dios estén contigo en cada actividad que realices en este día.

Cada vez que Dios quería manifestar un atributo de su poder, revelaba un nombre que lo identificaba, por ejemplo: El Elyón, el más alto. Ahora, cuando la palabra menciona a «El Shaddai», representa el atributo del «Todopoderoso».

El Shaddai

El Shaddai se le apareció a Abram a los noventa y nueve años de edad, en medio de la manifestación de la promesa, de que iba a tener un hijo (entre Génesis 15 y Génesis 21).

Antes de que naciera Isaac, cuando Abram ya no tenía fuerzas, cuando parecía que la edad anunciaba a gritos que lo que Dios le había prometido en *Génesis 15* no sería cumplido. En medio de toda esa frustración, Dios se le apareció y le dijo: «*Yo soy El Shaddai, el Todopoderoso*». «*Anda delante de mí y sé perfecto; y aquí mi pacto es contigo*».

Dios se muestra como Shaddai, es cuando Él va a hacer pacto contigo, es donde Él dice: «*Yo soy el Dios Todopoderoso*».

> «El Shaddai es el Todopoderoso. Nadie está por encima de Él».

Dios le dijo a Abram: «A pesar de que tienes noventa y nueve años, yo, el Todopoderoso, voy a hacer que tus ojos vean lo que tus oídos han escuchado. Yo, el Todopoderoso, voy a hacer que tu esposa Sara, aún en su vejez, dé a luz al Isaac que te prometí».

La palabra de hoy es para la gente de fe. A ti quiero decirle: «Podrán faltarte las fuerzas, podrán haberse ido los años, podrán faltarte los recursos económicos, las amistades, pero si el Shaddai está contigo, si el Dios Todopoderoso está de tu parte, Él hará que lo imposible sea posible, que lo increíble sea creíble».

Establecer la soberanía

El Shaddai que aparece en toda la Biblia, no solo decía: «Yo soy El Shaddai, Todopoderoso». Cuando Él se manifestaba como Shaddai, no pedía permiso, no le preguntaba nada a nadie, no venía a hablar con los demonios para decirles: «Suéltala». ¡No! Cuando Dios se manifestaba como El Shaddai, los demonios se escondían, porque sabían que venía a establecer Su soberanía.

Al desglosar su declaración, lo primero que dice es: «Yo soy el Dios», y lo segundo, «El Todopoderoso». Esta es una manifestación de soberanía que afirma «Yo soy el que soy» y «se hará de la manera que dije y como lo determiné».

En el libro de Génesis dice: «Yo soy el Todopoderoso». Pero en Apocalipsis dice quién fue el que se le apareció a Abraham: «Yo soy el Alfa y la Omega; principio y fin».

El principio - Alfa

De acuerdo como se presenta en el último libro de la Biblia, Dios dice: «Yo soy el principio». Es decir, Él es el inicio de todas las cosas, pero también dice que en Él fueron hechas todas las cosas, por Él y para Él.

A través de esto podemos interpretar lo que Él quiere decirnos: «Yo soy el principio de tu próxima victoria. Yo soy quien le da principio al cambio que viene. Yo soy el principio de la nueva temporada que llega a tu vida».

> **«El Todopoderoso es quien le va a dar principio a mi victoria, es quien va a iniciar mi transición, es quien me va a dimensionar hacia lo próximo».**

El Final – Omega

También Dios dice que Él lo encierra todo: «También yo soy el final».

> «El Todopoderoso es el principio de mi victoria y el final de mi derrota».

Él es quien le da principio a mi levantarme y final a mi caída. Es quien le da principio a una nueva dimensión y finaliza la mortandad que hay en mí.

> «Dios pondrá fin a todas aquellas cosas que no te han dejado crecer. Habrá un nuevo comienzo».
>
> «Yo soy el fin de lo malo. Yo soy el principio de lo bueno».

El que estuvo muerto, venció la muerte

El que era, el que es y el que ha de venir encierra en Él todos los tiempos: el pasado, el presente y el futuro. Él se mueve en todas las dimensiones y termina diciendo que es «El Todopoderoso».

Esa es la presentación de Jesús a Juan en la isla de Patmos. Antes de mostrar el Apocalipsis, le dice: «Yo soy el Shaddai. Yo soy el que se le apareció a Abraham en Génesis 17. Yo soy el Todopoderoso».

> «Cuando abrazas al Shaddai, nada en esta tierra puede destruirte».

Nuestro Padre nos ha escogido antes de la fundación de los días y de los tiempos. Él es tu Dios Todopoderoso. Él es tu Shaddai, tu principio y tu fin. Todo comienza en Él y termina en Él. Nada es por azar, Él es tu todo, tu Todopoderoso.

Agradezco a Dios por esta palabra que me ha dado para compartirla contigo. Recibe cada día una palabra fresca de parte del Espíritu Santo de Dios para tu vida.

Comenzar el día con Dios es lo mejor.

Dios cumplirá su promesa

«Visitó Jehová a Sara, como había dicho, e hizo Jehová con Sara como había hablado. Y Sara concibió y dio a Abraham un hijo en su vejez, en el tiempo que Dios le había dicho. Y llamó Abraham el nombre de su hijo que le nació, que le dio a luz Sara, Isaac» (Génesis 21:1-3).

Que la paz de Dios y la comunión del Espíritu de Dios sea contigo y con toda tu familia. A través de la palabra de hoy entenderás que Dios hará que todas las cosas sucedan de acuerdo a Su voz, a Su propósito.

El Dios que cumple las promesas

Seguramente has recibido promesas de parte de Dios y, tal vez has sido visitado por la duda que quiere hacerte creer que Él no cumplirá aquello que te ha prometido. Hoy quiero confirmarte que todas las promesas que Dios te ha dado, las cumplirá.

Abram era un anciano a quien Dios le prometió un hijo y una descendencia, y le dijo: «Así como son las estrellas, incontables, así será tu descendencia sobre la faz de la tierra» (Génesis 15).

Pero luego, en el capítulo 18 de Génesis, Dios se le apareció a Abraham, y se le reveló de esta forma: «*Después le apareció Jehová en el encinar de Mamre, estando él sentado a la puerta de su tienda en el calor del día. Y alzó sus ojos y miró, y he aquí tres varones que estaban junto a él; y cuando los vio, salió corriendo de la puerta de su tienda a recibirlos, y se postró en tierra, y dijo: Señor, si ahora he hallado gracia en tus ojos, te ruego que no pases de tu siervo. Que se traiga ahora un poco de agua, y lavad vuestros pies; y recostaos debajo de un árbol, y traeré un bocado de pan, y sustentad vuestro corazón, y después pasaréis; pues por eso habéis pasado cerca de vuestro siervo*» (vv.1-5).

Dios aceptó la propuesta de Abraham y se sentaron juntos debajo de un árbol para compartir tiempo como amigos. Es interesante mirar la sencillez de nuestro Dios, el Shaddai, el Adonai, el Todopoderoso, el gran Yo Soy, el Creador de los cielos y de la tierra, el Altísimo, todo existe en Él, por Él y para Él, que se sentó a comer con un hombre. Ese es el Dios a quien servimos. Un Dios que no solo es nuestro Padre, sino que también quiere ser nuestro amigo. Él desea tener intimidad espiritual con nosotros, así como la tuvo con Abraham.

Me emociona pensar en ese momento de la historia, e imaginar a Dios sentado bajo un árbol hablando con Abram. Este es el Dios a quien sirvo. Así como lo hizo con Abram, puede hacerlo contigo y conmigo también.

Pero el relato bíblico continúa diciendo que una vez que estaba con Abraham, Dios le preguntó por Sara, su mujer, y le hizo una promesa: «*De cierto volveré a ti; y según el tiempo de la vida, he aquí que Sara tu mujer tendrá un hijo. Y Sara escuchaba a la puerta de la tienda, que estaba detrás de él*» (v.10).

Dios le dijo a Abram que volvería a él, y «*según el tiempo de la vida*», o sea, dentro de los nueve meses, Sara recibiría lo que Él le prometió, específicamente, a Isaac. Observa que en el capítulo 15 del libro de Génesis, Dios le hizo una promesa a Abraham, y en el capítulo 18, lo visitó.

Hoy es un día coordinado por el Espíritu de Dios para anunciarte que muy pronto tendrás la visita de Dios en tu vida. Vendrá una temporada donde Su Presencia te visitará, y cuando la presencia de Dios llega, la Palabra comienza a materializarse. Llegó el tiempo en el que todas aquellas cosas que Dios ya te ha prometido, se materializarán.

Un tiempo de proceso

En el capítulo 18 del libro de Génesis, Dios dijo: «*De cierto volveré a ti; y según el tiempo de la vida, he aquí que Sara tu mujer tendrá un hijo*» (v.10).

Tres capítulos después, dijo siguiente: «*Visitó Jehová a Sara, como había dicho, e hizo Jehová con Sara como había hablado*» (Génesis 21:1).

Lo que Dios dijo en el *capítulo 18*, lo cumplió en el *21*. Entre los tiempos de estos capítulos, Abraham pasó un sinnúmero de procesos, seguramente los mismos que tú vas a vivir. Es por ello que debes saber que «entre la promesa y su cumplimiento tendrás un tiempo de proceso».

Muchos durante el tiempo del proceso del cumplimiento, salen huyendo, corren y se desesperan, no aguardan pacientemente en fe para ver todo aquello que Dios les ha prometido.

> «Toda promesa que tendrá un cumplimiento atravesará por un proceso».

Amado lector, debes saber que el capítulo 15, «el tiempo de la promesa», ya pasó en tu vida. Durante el capítulo 18, Dios te visitará, y eso está a punto de suceder: «Te visitaré, te daré un hijo; tus ojos van a ver al hijo que tú amas, tus ojos verán al muchacho que tú anhelas, el Isaac que esperas».

Llegará a tu casa el cumplimiento y la manifestación de esa promesa del *capítulo 21* para tu vida: «*Y Sara concibió y dio a Abraham un hijo en su vejez, en el tiempo que Dios le había dicho. Y llamó Abraham el nombre de su hijo que le nació, que le dio a luz Sara, Isaac*».

Un tiempo de cumplimiento

Hoy, al igual que Abraham, pasarás del capítulo de la promesa al capítulo del cumplimiento. Dios siempre cumple aquello que ha prometido. Si te mantienes fiel, creyendo, y no permites que las circunstancias muevan tu fe y tu expectativa del cumplimiento de lo que Dios ha prometido no se desvanece, puedo asegurarte que tus ojos verán lo que Dios te ha declarado y tus brazos lo abrazarán.

Viene un tiempo de visitación de Dios para tu vida. Serás visitado por un avivamiento en una dimensión que nunca antes has vivido. Tal vez me preguntarás: «Pastor, ¿cómo que Dios me va a visitar, si está conmigo siempre?». Estás en lo cierto, también está conmigo, pero a veces hay dimensiones y manifestaciones de Dios especiales a las que llamamos «visitación fresca», una visitación nueva.

Mi mensaje de hoy es para decirte, en el nombre de Jesús, que te prepares, porque Dios te visitará para cumplir todas aquellas promesas que ha desatado y liberado sobre tu vida. Cada sueño, visión de Dios y profecía que has tenido del Espíritu de Dios, vendrá al cumplimiento, será manifestada. Tus ojos verán el Isaac de Dios para ti.

«Y visitó Jehová a Sara como había dicho, e hizo Jehová con Sara como había hablado». Hay dos cosas que Dios me ha enseñado:

Primero dice: *«Y visitó Jehová a Sara como había dicho».* Agrega: *«E hizo Jehová con Sara como había hablado».* Una cosa es cuando Dios habla y otra cosa es cuando Dios actúa. Hay muchas personas que hoy están viviendo de lo que Dios habló, pero todavía no han experimentado la actuación de Dios.

Dice: *«E hizo Jehová con Sara como había dicho».* La palabra estaba allí, pero también dice: *«Y luego hizo».* Quizás tú has estado viviendo en la temporada de cuando Dios habla, pero todavía te falta vivir la temporada de cuando Dios hace.

Prepárate

Estás a punto de ver al Dios que hace, no solo al Dios que habla. Cuando Israel salió de la tierra de Egipto conoció al Dios que habla. Sin embargo, la mayor parte de esa generación no vio al Dios que hace, simplemente porque se quedaron con la palabra revelada, con la promesa, pero no la vieron hecha realidad, porque murieron en el desierto.

Eso no sucederá contigo. Conocerás al Dios que habla y al Dios que hace que las promesas se cumplan. Al Dios que hizo que la matriz de Sara se abriera y la esterilidad se fuera. Conocerás al Dios que habló, la visitó, y luego, se manifestó.

> «Estás a punto de ver al Dios que hace».

La Presencia de Dios no solamente te visitará, sino que el Dios que actúa, hará milagros y cosas extraordinarias en tu vida.

Amado lector, no importa en qué país vives, ¡prepárate! porque el Dios que cumple promesas te visitará muy pronto y con tus ojos verás todas aquellas cosas que Él ha prometido.

> «Al igual que a Abraham, profetizo sobre ti que tus ojos no se cerrarán hasta que veas tu Isaac».

Doy gracias a Dios por esta palabra y a ti por leerla. Te invito a continuar mañana recibiendo lo que el Espíritu Santo quiere decirte.

Comenzar el día con Dios es lo mejor.

¡No temas!
Yo soy tu escudo

«Después de estas cosas vino la palabra de Jehová a Abram en visión, diciendo: No temas, Abram; yo soy tu escudo, y tu galardón será sobremanera grande. Y respondió Abram: Señor Jehová, ¿qué me darás, siendo así que ando sin hijo, y el mayordomo de mi casa es ese damasceno Eliezer?» (Génesis 15:1-2).

¡Buenos días! Recibe hoy esta palabra fresca de parte de Dios para comenzar este día. Si al levantarte sentiste alguna dificultad, al leer la palabra que escribí para tu corazón, en el nombre de Jesús, recibas consuelo, fe y fuerza de Dios para enfrentar lo que sea que estés viviendo.

De acuerdo con las Escrituras, Dios le habló a Abram, el padre de la fe, y le dijo: *«Vete de tu tierra y de tu parentela, y de la casa de tu padre, a la tierra que te mostraré»* (Génesis 12:1). Abraham obedeció a Dios y se fue.

A partir de ese momento enfrentó un sinnúmero de situaciones, entre ellas cuando peleó con cuatro reyes fuertes, malvados y poderosos que existían en la tierra en ese momento, pero finalmente Dios le dio la victoria. Por encima del poder, de la estrategia y del ejército numeroso que poseían aquellos reyes malvados, Abraham ganó la batalla (Génesis 14 – historia relatada en el día 2).

Al finalizar la guerra, la Palabra de Dios relata lo siguiente: *«Después de estas cosas vino la palabra de Jehová a Abram en visión, diciendo: No temas, Abram; yo soy tu escudo, y tu galardón será sobremanera grande»* (Génesis 15:1).

Hay tres cosas importantes que resaltar en este texto:

- *Dios le habló a Abram «en visión».*
- La palabra de Dios vino *en visión* a Abram.
- *Dios le dijo: «No temas».*

¿Por qué Dios le dijo que no temiera? Abram había enfrentado una guerra y era posible que sus enemigos quisieran vengarse por haber sido derrotados. Tal vez, en algún momento sobrevino el temor que produce la venganza de aquellos que desean tu mal. Probablemente el miedo que Abram sentía, Dios lo percibió, por eso le dijo: *«No temas».*

Dios quería que Abram quitara todo temor de su corazón, porque Él era su escudo y también su galardón. A través de la visión que Abram tuvo, Dios le dijo: «Abram no tienes por qué temer. No dejes que el miedo se apodere de ti, porque Yo soy tu escudo y estoy contigo».

Cuando Dios es tu escudo, no hay nada en esta tierra que pueda hacerte daño. Puedo asegurarte que todo aquello que quiera levantarse contra ti para destruirte rebotará ante el escudo de Jehová y le impedirá llegar a ti.

El mundo enfrenta una situación difícil a causa del Covid-19 que se ha cobrado la vida de millones de personas. La gente tiene miedo, pánico. Sin embargo, quiero que guardes esta palabra en tu corazón: Si al igual que Abram fuiste escogido, hay un propósito de Dios en tu vida, y al igual que Abram, tu Dios es tu escudo, no tienes por qué temer. Hoy Dios te dice: «Suelta el miedo. Yo soy tu escudo».

Tu escudo no es el gobierno, no es tu fuerza, no es tu estrategia, es Dios. Por lo tanto, todo lo que quiera levantarse contra ti, no te llegará. Dios lo interceptará en el camino y no permitirá que el daño llegue a tu casa.

Confía en el Dios Todopoderoso y dile: «Tú eres mi escudo, y como estuviste con Abram, estarás conmigo».

Dios le dijo: «Tu galardón será sobremanera grande».

En el mismo versículo advertimos que Dios también le habló acerca del futuro, de las bendiciones que habrían de llegar. Le habló a Abram acerca de su hijo: «*Mira ahora los cielos, y cuenta las estrellas, si las puedes contar. Y le dijo: Así será tu descendencia*» (v.5).

Abram era un anciano de edad avanzada, con una esposa estéril, estaba lleno de miedo por la venganza que sus enemigos pudieran generar, y en medio de ese panorama Dios le habló acerca de un futuro glorioso y de cosas maravillosas. ¿Por qué? Porque cuando nuestra vida tiene propósito en Dios, nada en este mundo podrá detenerlo.

Si permaneces en obediencia, bajo la perfecta la voluntad de nuestro Dios, nadie podrá detenerte, serás inmortal frente a cualquier situación. No solo frente a este virus que está azotando al mundo, sino ante cualquier enfermedad que exista o que existirá.

Dios es tu escudo

Dios quiere que sepas que Él es tu escudo a pesar del temor, a pesar de que hayan caído personas a tu izquierda y a tu derecha. Sé que es difícil ver cuántos están muriendo y no entrar en pánico. Es difícil no pensar que a uno de nosotros pueda sucedernos lo mismo. Pero es necesario que afirmes en tu corazón que, si Dios tiene un plan contigo, este será eterno tanto para ti como para tu familia.

«No temas, yo soy tu escudo», es la palabra que Dios quiere afirmar en tu corazón. Confiésalo, decláralo, grítalo a los cuatro vientos:

> **«Dios es mi escudo».**

La Biblia dice que, de generación en generación, Él ha sido nuestro refugio y nuestra fortaleza. En Dios descansamos. Estamos cubiertos por Él, y si Su plan es que muramos en este tiempo, es porque tiene algo mucho mejor para nosotros. Pero si el propósito de Dios es que permanezcamos en esta tierra, no hay enfermedad que nos acorte el tiempo que nos queda por vivir.

¡No temas, mujer! ¡No temas, hombre! No permitas que aquello que miran tus ojos naturales o escuchan tus oídos, despierten temor en tu vida. Confiesa hoy que Dios es tu escudo, y el temor huirá.

Anhelo que esta palabra haya incrementado tu fe y tu esperanza.

> **Debes saber que no estás al descubierto ni desnudo, sino que Dios es tu cobertura y tu escudo.**

Bendito sea Dios que permitió que esta palabra llegara hoy a tu vida. Muchas gracias por permitirme llegar a tu corazón.

Nos encontraremos mañana, a través de estas páginas, porque:

Comenzar el día con Dios es lo mejor.

DÍA 6
La mano de Dios está sobre ti

«Vino palabra de Jehová al sacerdote Ezequiel hijo de Buzi, en la tierra de los caldeos, junto al río Quebar; vino allí sobre él la mano de Jehová» (Ezequiel 1:3).

Que la paz de Dios y la comunión del Espíritu de Dios sea contigo y con toda tu familia. Hoy recibirás una palabra de parte de Dios que te va a dimensionar, te va a dar seguridad y te llevará a un nivel de fe y esperanza que te hará libre de todo lo que te presiona o atormenta.

La Escritura dice: *«Vino Palabra de Jehová al sacerdote»*, pero luego finaliza el verso diciendo: *«Vino allí sobre él la mano de Jehová»*. Cuando la Biblia hace referencia a la mano de Dios, habla del Espíritu de Dios, de la presencia de Dios: «vino la mano de Dios sobre Elías y corrió más que los caballos de Acab».

Cuando la Escritura dice «la mano de Dios vino», está diciendo: La Presencia de Dios cayó en tierra extraña, en tierras de caldeos.

Dejemos de limitar a Dios

Donde haya alguien con hambre, no importa quién sea o dónde esté, la presencia de Dios caerá. Puedes estar en un avión buscando la presencia de Dios, y ahí estará contigo. Puedes estar en el trabajo y ahí puede caer la Presencia de Dios.

> «Dejemos de limitar a Dios. Él no solo desciende en la iglesia. Él desciende en la calle, en tu casa, en el río, en el valle».

Hoy puede venir sobre ti la mano de Dios

Cuando la mano de Dios viene sobre alguien, lo primero que ocurre es que esa persona que estaba trastornada, transicionará a un estado de fe sobrenatural. Lo que antes le atormentaba, deja de atormentarla. La depresión se escapa. La opresión se le va. Esa persona comienza a sentir libertad cuando antes sentía opresión. La mano de Dios no solo libera, sino que te empuja a ir a lugares donde serás más efectivo.

Cuando la mano de Dios está sobre un hombre o una mujer, nada lo detiene, es imparable, es inaguantable; todo lo de Dios que hay en él o en ella, se manifestará y se cumplirá.

Nehemías expresó: «Yo edifiqué los muros, construí las puertas quemadas, trastorné y edifiqué a Jerusalén, no por lo gracioso que era ni porque hallé gracia delante del rey, sino porque la benéfica mano de Dios estaba sobre mi vida».

Las cosas en tu vida no van a suceder por fuerza del hombre, por voluntad de un abogado ni porque migración tenga lastima de ti. La mano de Dios, el Espíritu de Jehová vendrá sobre ti y hará que las cosas sucedan.

Vino la mano de Dios

Cuando el poder del Espíritu Santo de Dios viene, cuando la Presencia de Dios desciende, querido lector, somos cambiados. Ya no actuamos de igual manera. A aquellos a quienes le temíamos, de pronto los espantamos, y estamos dispuestos a morir por la causa de Jesucristo.

Hace unas noches, un ser extraño que nunca había visto, me visitó. Era un principado muy extraño. Peleé con él aproximadamente por una hora en el sueño. Cuando desperté, sentí miedo. Me levanté y comencé a sacudirme para no volver a dormirme, porque sentí espanto. Estuve un rato dando vueltas en mi habitación y le dije a mi esposa: «Vi un demonio». Caminé y caminé dentro del cuarto atemorizado hasta que, de pronto, la mano de Dios cayó sobre mí, y entonces, el pánico desapareció, el miedo se fue, y dije: «Diablo, no sé dónde estás, no sé quién te envió; pero te ato en el nombre de Jesús».

> **«Cuando la mano de Dios viene sobre ti, no hay espanto que permanezca».**

A veces, como Ezequiel, nos encontramos en situaciones donde perdemos toda esperanza de superación, donde creemos que ya todo está perdido. Posiblemente, en la mente del joven Ezequiel cruzaron pensamientos de rendición, tales como: «Ya no continúes», «Tu sacerdocio no será efectivo», «No vas a alcanzar tu sueño». Pero en medio de todo pensamiento negativo, Dios intervino, descendió y cambió el panorama entero del profeta Ezequiel.

Verdaderamente creo que el Espíritu de Dios te impulsó a leer hoy este libro. Si te sientes encasillado, frustrado, detenido entre la espada y la pared, y te has dicho: «Son tantos los problemas que tengo que ya no seré levantado por Dios».

Hoy declaro sobre tu vida que Dios acabará con la frustración, intervendrá en tu casa y en tus hijos. Dios cambiará el panorama que te rodea, y lo que tú pronunciaste en muerte, Dios lo tornará en vida.

> **Sobre todo aquello que el diablo dijo: «Se acabó», Dios proclamó: «Yo lo inicio».**

Agradezco a Dios por esta palabra y a ti por leerla. Te exhorto a que continúes leyendo el mensaje que cada día compartimos de parte del Espíritu Santo de Dios. Y no olvides que:

Comenzar el día con Dios es lo mejor.

DÍA 7
Él siempre está ahí

«Y yo rogaré al Padre, y Él os dará otro Consolador, para que esté con vosotros para siempre» (Juan 14:16).

Bendiciones para ti y para tu familia. Quise escribir hoy esta Palabra que atrajo mi atención. Jesucristo dijo: «Yo rogaré al Padre para darles otro Consolador que esté con vosotros *siempre*». Conocer esta Palabra encaminó mi espíritu, porque Jesús me prometió Su Presencia, pero no temporalmente o por algunos días, sino para *siempre*.

Él estará siempre

La palabra «siempre» abarca las veinticuatro horas al día, los siete días de la semana, los treinta y un días del mes, los trescientos sesenta y cinco días del año. Durante los años que vivamos en la tierra, Jesucristo dijo que el Consolador, el Espíritu Santo, estará con nosotros *siempre*.

En esta maravillosa promesa, el Maestro no solo nos da Su Espíritu, sino que también nos lo da para *siempre*. ¿Imaginas andar *siempre* con alguien Todopoderoso que te ame y que quiera lo mejor para ti? Si te vas de viaje, Él está allí. Si vas a la cocina, Él está allí. Si vas a la tienda, Él está allí. Él estará *siempre* con nosotros.

Sin embargo, esto también se torna peligroso, porque *siempre* está escuchando tus malos pensamientos, tus palabras desalineadas, tus mentiras, todo lo que dices. Él está viendo todo lo que haces y conoce hasta lo que piensas. Si realmente tomáramos consciencia de lo que significa que Él está *siempre*, seríamos los más santos, los más fieles y los más ungidos de todos los cristianos, pero realmente no le damos importancia a lo que dijo: *Él está siempre*.

Cuando caminamos, Él está allí. Su presencia constantemente está con nosotros. Mientras dormimos, está allí, porque Él no duerme. Mientras nos bañamos, está allí. No hay forma de desconectarnos de Él, a menos que tomemos un camino fuera de Su voluntad. Pero si caminamos en Su voluntad, Él está siempre.

También Él puede manifestarse *siempre*, hacer milagros *siempre*, suministrarnos provisión *siempre*, manifestarse constantemente, a cada minuto, hablar cada segundo. Si lo que Cristo dice es verdad, y Él es la verdad, Él no miente, entonces Él está allí contigo ahora, en este mismo momento. El Espíritu Santo está ahora allí contigo, ahora, ahora y lo estará *«siempre»*.

Vivir consciente de esa verdad te ayudará a no entrar en depresión de soledad.

> **«¡No hay soledad cuando entendemos que el Espíritu está con nosotros siempre!»**

COMENZANDO TU DÍA CON DIOS

¿Por qué no siempre lo siento?

Algunos hacen preguntas como estas: Si Jesús está siempre, ¿por qué no siempre lo percibo y por qué no siempre lo veo manifestándose? Si Él está conmigo siempre, ¿por qué no lo siento siempre? ¿Por qué lo siento por temporadas? ¿Por qué lo percibo de vez en cuando?

Cuando escucho este tipo de preguntas me asombro. Y mi respuesta es: «Porque solo de vez en cuando lo reconoces».

El mayor problema de muchos no es Satanás, sino:

Primero: Su insensibilidad. Se enfrían tanto que se hacen insensibles a la Presencia de Dios. Ese es un gran peligro, porque la insensibilidad los llevará a dejar de percibir su realidad espiritual.

Segundo: Se familiarizan con hombres ungidos, y cuando el ungido está bajo la unción, ellos no la pueden disfrutar, porque no la reconocen.

Dios nos diseñó para que Su Presencia esté con nosotros siempre. No nos diseñó para morir secos, sino para morir profetizando como Eliseo.

Nosotros, los hombres, creemos que nos las sabemos todas, que podemos salir y escapar de todo, y nos olvidamos de que el Dios a quien servimos es omnipresente, que está en todo lugar en el mismo momento, oyéndolo todo, escribiéndolo todo, grabándolo todo y haciendo todo al mismo tiempo. Nuestra mente finita no puede entender eso, pero Él es infinito.

> «Somos seres finitos, pero Él es infinito».

Entonces, si Él está siempre con nosotros, ¿por qué algunos tienen que esperar a ir el domingo a la iglesia para hablar en lenguas o para sentir la Presencia de Dios? Porque solo lo reconocen el domingo. De lunes a sábado viven como quieren, hacen lo que quieren, caminan su vida a su manera y solo se acuerdan que hay Dios, el domingo. Ese tipo de cristianos no tiene esperanzas de crecer si no hay un cambio en ellos.

Podemos trabajar en cualquier área de la iglesia, pero bajo ninguna circunstancia debemos descuidar nuestra relación con Dios. Porque cuando descuidamos nuestra relación con Dios, lo que estemos haciendo en la iglesia no servirá de nada.

Percibir al Espíritu Santo no significa que se nos debe poner la piel de gallina siempre, ni de estar el día entero hablando en lenguas, sino a percibirlo siempre en mi espíritu y escuchar siempre su dirección.

> «Así que sacúdete, fuiste hecho para percibirlo y sentirlo siempre».

Gracias a Dios por esta palabra y a ti por leerla. Te invito a continuar mañana con un mensaje fresco de parte del Espíritu Santo para tu vida.

Comenzar el día con Dios es lo mejor.

DÍA 8
Reencontrarte con Dios

«Y volvió Moisés y descendió del monte, trayendo en su mano las dos tablas del testimonio, las tablas escritas por ambos lados; de uno y otro lado estaban escritas. Y las tablas eran obra de Dios, y la escritura era escritura de Dios grabada sobre las tablas. (...) Y aconteció que cuando él llegó al campamento, y vio el becerro y las danzas, ardió la ira de Moisés, y arrojó las tablas de sus manos, y las quebró al pie del monte» (Éxodo 32:15-16,19).

Bendecido día. Prepárate para recibir esta palabra que Dios tiene para tu vida hoy. Meditemos juntos en lo que Dios quiere enseñarnos.

El texto del libro de Éxodo nos relata que Dios llamó a Moisés al monte Sinaí para tener un encuentro con él. Allí le entregó las tablas de la ley escritas por Dios mismo para el pueblo. Mientras Moisés estaba descendiendo con las tablas de la ley, escucha gritos que eran del pueblo. Al llegar encontraron que Aarón no había podido contener a los israelitas y habían construido un ídolo ante el cual estaban danzando, cantando y adorando. Al ver esto, Moisés se enojó y rompió las tablas de la ley contra el piso.

Pero Dios volvió a llamar a Moisés, a quien le dijo: «Vuelve a subir al monte a estar conmigo». Dios le pidió a Moisés que vuelva a subir al único lugar donde podían tener un encuentro cara a cara y recibir la revelación que ya antes había recibido. Ese era el lugar donde poder reencontrarse con Su Presencia.

Permíteme decirte que si quieres volver a escuchar a Dios como solías hacerlo, tú conoces la dirección. Podrás pasar toda la noche diciéndole: «Dios quiero escucharte como antes». Y Él te responderá: «Vuelve a reencontrarte conmigo en el mismo lugar, el lugar donde sabes que hallarás Su Presencia».

Otra vez

Moisés estaba dispuesto a pagar cualquier precio por tener la instrucción de Dios para él y para su pueblo. La Biblia relata en Éxodo 34, que Dios llamó a Moisés nuevamente y le dijo: «*Prepárate, pues, para mañana, y sube de mañana al Monte de Sinaí, y preséntate ante mí en la cumbre del monte*» (v.2).

Moisés estaba cenando, a punto de acostarse, pero Dios le habló y le dijo: «Mañana subirás al monte Sinaí solo, y trae contigo piedras lisas».

«*Y él estuvo allí con Jehová cuarenta días y cuarenta noches; no comió pan, ni bebió agua; y escribió en tablas las palabras del pacto, los diez mandamientos*» (Génesis 34:28).

Moisés no estaba preparado para permanecer en el monte cuarenta días en ayuno. La noche anterior Dios le avisó:

—*Prepárate para mañana.*

—*Señor, ¿para qué debo prepararme?* —habrá preguntado Moisés.

—*Para estar conmigo mañana. Volverás a ver la gloria de Dios por segunda vez,* —respondió Jehová.

Escogí este texto para el día de hoy para advertirte que estés preparado, porque hay una gloria esperándote mañana. Este año ingresarás a una dimensión que el mundo jamás había oído, visto ni conocido.

Debes saber que la altura del monte no era de veinte metros, sino que aproximadamente era de casi quince pisos. El monte Sinaí era muy alto. Además, no tenía escalera ni ascensor. Pero Moisés tomó su vara y comenzó a subir hasta llegar al lugar donde Dios lo estaba esperando para tener un nuevo encuentro con él.

> **«La gloria está a punto de llegar. Alguien tiene que ir a buscarla».**

Me resultó interesante descubrir que el monte al que Dios le pidió a Moisés que subiera para reencontrarse con Él, fue el mismo donde Moisés vio por primera vez la zarza arder. Es impresionante que Dios lo haya hecho volver al mismo lugar, dándole a entender: «Vuelve a encontrarte con la gloria y el fuego que te llamó la primera vez».

Seguramente necesitas reencontrarte con el fuego que una vez te abrazó, reencontrarte con Aquel que te bautizó con nuevas lenguas, con el poder del Espíritu Santo.

Ese fue el monte donde Moisés escuchó por primera vez la voz de Dios. El ayuno lo reconectó con el propósito, con su llamado «otra vez». Moisés conocía ese monte, era el lugar donde él y Dios hablaban.

La primera vez que Moisés subió al monte porque Dios quería darle las tablas de la ley, estuvo de ayuno cuarenta días, al descender y ver lo que el pueblo había hecho, rompió las tablas. Entonces, Dios le dijo:

—¿*Quieres volver a tener los diez mandamientos?*

—*Sí,* —respondió Moisés.

—*Entonces vuelve al monte y toma esos cuarenta días de intimidad.*

Las cosas de Dios que perdiste no se recuperan llamando a un profeta para que te diga lo que tienes que hacer. Se recuperan volviendo tus pasos al mismo lugar donde te encontraste con Dios la primera vez, en ese mismo monte de intimidad.

El libro de Apocalipsis nos anima a volver al primer amor, a esas primeras obras: «*Pero tengo contra ti, que has dejado tu primer amor. Recuerda, por tanto, de dónde has caído, y arrepiéntete, y haz las primeras obras; pues si no, vendré pronto a ti, y quitaré tu candelero de su lugar, si no te hubieres arrepentido*» (Apocalipsis 2:4-5).

Para poder recuperar ese fuego, esa pasión, ese toque fresco, hay que volver a hacer las primeras obras.

Aprendiendo la lección

Moisés estuvo en el monte con Jehová, cuarenta días y cuarenta noches, no comió pan ni bebió agua, y escribió en las tablas las palabras del pacto, los diez mandamientos. La primera vez las había escrito Dios, la segunda vez tuvo que escribirlas Moisés mismo, para que valorizara lo que estaba haciendo. Es muy fácil romper lo que no te cuesta.

Si lees bien estos capítulos notarás que nunca más Moisés intentó romper esas tablas, aun cuando el pueblo hizo cosas mucho peores después. Un día hasta quisieron apedrearlo, le dijeron que lo que Dios había dicho de Canaán no era verdad, sin embargo, Moisés jamás intentó romper las tablas. Él sabía el costo de volver a reparar lo que tan fácilmente se quiebra.

Solemos aprender la lección cuando Dios nos hace pagar el precio. Mientras las cosas que Dios nos da se tornan fáciles, no las valoramos. Es por eso que, a veces, Dios esconde Su rostro para que entendamos lo que cuesta encontrar Su gloria. Entonces, el día que la hallamos, no queremos perderla nunca más.

Gracias a Dios por esta palabra y a ti por acompañarme a reflexionar en ella. Te animo a que perseveres en esta lectura diaria que te comparto desde el corazón de Dios.

Comenzar el día con Dios es lo mejor.

DÍA 9

Cuando Jesús está presente

«Y en ningún otro hay salvación; porque no hay otro nombre bajo el cielo, dado a los hombres, en que podamos ser salvos» (Hechos 4:12).

Buenos días, espero que hoy recibas un aprendizaje nuevo que te dé consuelo, fe y fuerza de parte de Dios para enfrentar cualquier circunstancia que estés viviendo.

Jesús vino a la tierra con el propósito de *«predicar buenas nuevas a los abatidos, a vendar a los quebrantados de corazón, a publicar libertad a los cautivos, y a los presos apertura de la cárcel»* (Isaías 61:1). Al llegar a los pies de Cristo, no solo garantizaste tu salvación en la eternidad, sino también tu liberación de toda atadura en la tierra.

Salvación

La bendición de Cristo es completa para nosotros. Sin embargo, hay personas que son salvas espiritualmente, pero que mientras viven en esta tierra continúan bajo opresión, depresión, angustia, cuando deberían estar gozosas todo el tiempo, porque la Palabra dice:

> «Si el Hijo de Dios os libertare, seréis verdaderamente libres».

Guerra espiritual

Debemos admitir que tenemos un enemigo que cuenta con un ejército de millones de demonios a su disposición durante las veinticuatro horas al día sin descansar para atarnos, oprimirnos y enfermarnos hasta destruir nuestra vida. Por otra parte, aunque los demonios existen, los ángeles también y están trabajando a favor de quienes le temen a Jehová.

Cristo nos llamó a ser libres, pero Satanás vino a hurtar, a matar y a destruir, comenzó desde los tiempos de Adán, y lo sigue haciendo. Antes de que Cristo viniera a morir por nosotros, nadie podía detener al diablo. Pero cuando Cristo murió y resucitó, abrió las cárceles de los cautivos, sanó a los enfermos y nos dio libertad.

El profeta Elías pudo hacer descender fuego del cielo, pero Jezabel seguía endemoniada. Moisés pudo dividir el Mar Rojo, pero Coré continuaba con un corazón destruido. Cuando Cristo vino no solo abrió el mar, sino que caminó sobre las aguas. No solo hizo descender fuego del cielo, cambió los corazones.

Por esa razón, Cristo no se parece a ninguno de los profetas de los que has leído o conocido. Él es diferente a todos, es el Hijo de Dios, y la Escritura dice:

> «Para esto apareció el Hijo de Dios, para deshacer las obras del diablo».

En cuanto María dio a luz a Jesús, apareció el que iba a deshacer las obras del diablo. Me gusta este texto de 1 Juan 3:8, porque no especifica qué obra vino a deshacer Jesús, no dice que apareció específicamente para sanar a los enfermos o para liberar a los oprimidos. La palabra «obras» abarca todo. Sea cual fuere la obra que el diablo haga, el Hijo de Dios la va a deshacer. Por lo tanto, déjame decirte que toda obra del diablo que esté afectando tu vida será deshecha por el poder de Dios. Por lo tanto,

> «Toda obra que provenga del diablo, es deshecha cuando Jesús está presente».

Cuando la obra de Satanás se manifiesta a través de la depresión, la presencia del Hijo de Dios la deshace. Porque donde está la Presencia de Dios, las obras del diablo se debilitan y pierden su poder. Sin embargo, hay obras de las tinieblas que no se pueden deshacer hasta que quien las padece no reconozca su aflicción y posea el fundamento de la fe.

Amor y fe

Existen dos fundamentos que traen salvación: el amor y la fe. La Biblia dice: «*Porque de tal manera amó Dios al mundo, que ha dado a su Hijo unigénito, para que todo aquel que en él cree, no se pierda, mas tenga vida eterna*»

(Juan 3:16). Cuando crees en Jesús y en el poder de Su nombre, tienes garantizada la vida eterna. Lo poderoso de creer en Su nombre es que no se limita a darte vida eterna, sino que ingresas a la posibilidad de vivir en gloria, aun sin haber ido al cielo.

Jesús le dijo a Marta: «*¿No te he dicho que si crees, verás la gloria de Dios?*» (Juan 11:40). La fe en Su nombre no solo te llevará a las calles de oro de la nueva Jerusalén y te librará del infierno; no solo te garantizará vida eterna, sino que te permitirá ver Su gloria mientras estés caminando en la tierra.

> «La fe en Su nombre te permite recibir milagros, ser sanado, ser libre y ser transformado».

¡Qué maravillosa es la fe! «*Si puedes creer, al que cree todo le es posible*» (Marcos 9:23).

Cuando el Hijo de Dios está presente, toda obra del enemigo se deshace. Ahora mismo, en el nombre de Jesús, declaro esa promesa para tu vida y clamo que Su Presencia esté presente en ti, porque donde está el Hijo de Dios, las obras del diablo se deshacen, y toda cadena se rompe.

Agradezco a Dios por esta palabra que me ha dado para tu vida. Te animo a que creas firmemente en el poder de Jesús para deshacer toda obra del mal. Recibe esta palabra fresca de parte del Espíritu Santo de Dios.

Comenzar el día con Dios es lo mejor.

DÍA 10

Enfócate en Jesús

«Y asimismo gustaron de la buena palabra de Dios y los poderes del siglo venidero, y recayeron, sean otra vez renovados para arrepentimiento, crucificando de nuevo para sí mismos al Hijo de Dios y exponiéndole a vituperio» (Hebreos 6:5-6).

Bienvenido a un nuevo día que comenzará con una palabra inspirada por Dios para esta jornada.

Una de las grandes dudas que muchos cristianos analizan es saber cuáles son las principales causas por las cuales hombres y mujeres ungidos por Dios caen en pecado o en un sinnúmero de errores. De pronto están llenos del poder de Dios y, momentos después, están llenos del poder demoníaco.

Un descuido te puede hacer caer

Algunos sugieren que un descuido te puede hacer caer. Pedro le dijo a Jesús: *«Tú eres el Cristo, el Hijo del Dios viviente. Entonces le respondió Jesús: Bienaventurado eres, Simón, hijo de Jonás, porque no te lo reveló carne ni san-*

gre, sino mi Padre que está en los cielos» (Mateo 16:16-17).

En estas dos afirmaciones: «*Tú eres el Cristo*» y «*no te lo reveló carne ni sangre, sino mi Padre que está en los cielos*», queda en claro que Pedro conocía bien a Jesús, que tenía fe y que creía en Él. Por otra parte, Pedro tenía revelación de Dios.

Sin embargo, más adelante, cuando Jesús comenzó a hablar acerca de lo que iba a suceder con su muerte y resurrección, Pedro le dijo: «*Señor, ten compasión de ti; en ninguna manera esto te acontezca*». Y Jesús le respondió: «*¡Quítate de delante de mí, Satanás!; me eres tropiezo, porque no pones la mira en las cosas de Dios, sino en las de los hombres*» (v.23). No debe sorprenderte que alguien sea usado por Dios durante un tiempo y, de pronto, se aparte de su camino.

Esto no significa que Dios se equivoca al elegir a su gente. Cada persona es como un vaso que no puede estar vacío: está lleno de Dios o lleno del diablo. No hay opciones intermedias. Aunque suena feo, es la realidad. El vaso puede estar lleno de la gracia de Dios o lleno de envidia. Eso puede acontecerle a cualquier hombre o mujer que hoy está siendo usado por Dios. Si se descuida, si no camina en la dirección que Dios le trazó, puede correrse de la gracia de Dios y terminar, incluso, levantando doctrinas erróneas fuera del propósito divino.

Milagros sobrenaturales

Cuando Jesús multiplicó los panes y los peces, al finalizar ese gran milagro les dijo a los discípulos: «Entren en la barca y vayan a la otra ribera, entre tanto que despido a la multitud». Así lo hicieron, y mientras cruzaban se desencadenó una gran tempestad, de tal forma que la barca casi se hundía. Cuenta la Escritura que era la cuarta vigilia de la noche, y a lo lejos vieron a alguien caminando sobre el agua y se espantaron, nunca habían visto a alguien andando sobre el agua.

Los discípulos habían escuchado maravillosos relatos de milagros como, por ejemplo, Moisés dividió las aguas, Elías hizo descender fuego del cielo, cuando oró y vino la lluvia y varios milagros sobrenaturales más. Pero en el Antiguo Testamento nadie jamás había logrado ver a alguien caminar sobre el agua, y creo que aun en estos tiempos nosotros tampoco lo hemos visto, a menos que cuenten con trucos tecnológicos que produzcan el evento.

Creo firmemente que servimos a un Dios que tiene millones de formas de manifestarse y, creo también, que estamos a punto de ver nuevas manifestaciones milagrosas que asombrarían a todas las generaciones, ya que jamás han visto nada parecido.

> «Nuestros Señor es un Dios de milagros ilimitados».

Aquella noche, los discípulos, al ver la silueta de una persona que caminaba en la oscuridad, se asustaron y gritaron: *«¡Un fantasma!»*. Entonces Jesús les dijo: *«¡Tened ánimo, yo soy, no temáis!»*. Recién entonces comenzaron a calmarse, porque se dieron cuenta de que ciertamente era el Señor. Sin embargo, Pedro se inquietó y le dijo: *«Señor, si eres tú, manda que yo vaya a ti sobre las aguas»*. Pero observa qué interesante la respuesta de

Jesús que le dijo: «*Ven*», y Pedro tuvo las agallas de salir de la barca y comenzar a caminar hacia Él.

Hay personas que quieren caminar en lo sobrenatural, pero no tienen las agallas para hacerlo, no quieren arriesgarse a caminar donde nadie caminó antes. En esta generación en la que vivimos, muchos son como el mono: quieren imitar lo que ya les resultó a otros. Están esperando que alguien haga algo que les dé éxito para poder lanzarse luego ellos y creer.

Sin embargo, Dios está buscando gente que haga cosas que nadie jamás soñó ni vio. Personas que escuchen la voz de Dios y se atrevan a salir de la barca. Deseo que, a través de este libro, Dios pueda desafiarte a salir de tus comodidades, a romper tus propios límites y a caminar en lugares que nadie jamás caminó.

Once discípulos se quedaron en la barca, solo uno se lanzó al agua. Dios está buscando gente que tenga valor, que crea y que se mueva en fe.

> «¡Ten las agallas para salir de la barca!»

En mis inicios, cuando le pedía a Dios que me usara sanando enfermos, Él me dijo: «¿Cómo quieres que te use si no pones tu mano sobre ellos? Llámalos al frente y ora». Entonces le respondí: «Señor, ¿y si los llamo, oro por ellos y no se sanan?». A lo que Dios agregó: «Tú ora, que yo determino los resultados».

Un día perdí la vergüenza, ya no me preocupó el «qué dirán» y tampoco que la gente se burle de mí. Una noche, durante un servicio, llamé un enfermo al altar y puse mi mano sobre su cuerpo, y no se sanó. Luego llamé a otro, y tampoco se sanó. En la siguiente campaña oré por un paralítico y tampoco se levantó, pero yo había perdido la vergüenza. Hasta que un día, el fuego de Dios descendió y el milagro se manifestó.

Mi propósito, a través de la palabra de hoy, es que tú, que estás leyendo estas páginas, salgas de la barca y le creas a Dios. Si quieres que algo grande ocurra en tu vida, eso demandará un riesgo. Si no estás dispuesto a arriesgarte, entonces no le pidas a Dios que te use, porque Él trabaja con gente arriesgada.

No te desenfoques

Pedro salió de la barca y comenzó a caminar sobre las aguas en la misma forma que el Maestro lo estaba haciendo, pero dice la Escritura que en un instante comenzó a hundirse y gritó: «¡Señor, sálvame!», y el Señor extendió su mano y lo levantó.

> «Dios está cerca de aquel que tiene la valentía de creerle».

Dios siempre va a respaldar a aquellos que se atrevan a meter el pie en el agua. Una vez le comentaba a alguien: «Tienes que tener el discernimiento de reconocer cuándo te estás hundiendo. Ese no es tiempo de enmudecer ni de hablarle a Dios con la mente, es el momento de abrir la boca y gritar pidiendo ¡auxilio!».

Lo sorprendente es comprender por qué razón se hundió Pedro. Y al resolver esto comprenderemos por qué caen los hombres de Dios. A Pedro no le faltó el poder de Dios, Jesús mismo estaba ahí. Pedro no se hundió por falta de la Presencia de Dios, ya que Jesús estaba a unos pocos metros del ser más poderoso de todos los cielos, del Alfa y la Omega, pero, aun así, se estaba hundiendo.

¿Cómo es posible estar tan cerca de Dios y no evitar hundirte? Algunos creen que, porque tienen a Dios, no se van a hundir. Sin embargo, conozco a muchas personas hundidas en la depresión aun creyendo en Jesucristo. Conozco a buenos cristianos hundidos económicamente que sirven a Dios. Algunos sirven a Jesús y tienen problemas en su matrimonio. Pedro no se hundía porque le faltaba Dios, ya que estaba ahí, la unción estaba fluyendo. Pedro se hundía porque *se desconectó*.

Cuando te desconectas del fluir de Dios, caes rápido. Lo que mantuvo a Pedro flotando sobre las aguas fue el poder que estaba en el Maestro, porque cuando se desconectó del poder, se desenfocó, puso sus ojos en la tormenta en lugar de mantenerlos en el fluir y en la fuente que lo mantenía flotando.

Pedro no se hundió por la falta del poder de Dios, sino por su *falta de enfoque*. El enfoque lo llevó a abrazar la duda y la duda le quitó la fe. Y cuando entra la duda, el poder de Dios deja de fluir.

> «El desenfoque es tu principal enemigo y te llevará a caer de la gracia de Dios».

Gracias a Dios por inspirarme a compartir contigo esta palabra, y a ti por leerla. Te invito a que te mantengas enfocado en Dios y continúes leyendo cada día una palabra escrita especialmente para ti de parte del Espíritu Santo.

Comenzar el día con Dios es lo mejor.

DÍA 11
El Espíritu Santo, nuestro ayudador

«Pero recibiréis poder, cuando haya venido sobre vosotros el Espíritu Santo, y me seréis testigos en Jerusalén, en toda Judea, en Samaria, y hasta lo último de la tierra» (Hechos 1:8).

Dios bendiga tu vida. Deseo que la palabra que Dios me dio para ti hoy resulte de gran bendición y te dé seguridad para alcanzar aquello que considerabas imposible.

La Palabra dice que cuando haya venido sobre nosotros el Espíritu Santo, recibiremos poder. Esto quiere decir que Él te va a ayudar a cambiar aquellas cosas que no puedes hacer solo. El Espíritu Santo es quien te dará el poder que para hacer esos cambios que necesitas. Por ti mismo, con tu propia fuerza, no podrás lograrlo. Necesitas rendirte y reconocer que el Espíritu de Dios puede ayudarte, y así lo hará.

El Ayudador en el Antiguo Testamento

Hay dos ejemplos donde el Espíritu Santo aparece como ayudador en el Antiguo Testamento.

Cuando Sansón mató al león.

En la historia de Sansón descubrimos que este era un hombre muy fuerte, se lo consideraba invencible al ver cómo derrotaba a sus enemigos. Sin embargo, cuando escudriñamos profundamente la lectura, nos damos cuenta de que lo que hacía invencible a Sansón era el Espíritu de Dios. Si separabas a Sansón del Espíritu de Dios, era un hombre común y corriente. El Espíritu de Dios le daba la fuerza y la capacidad para vencer a todos los enemigos que lo enfrentaban.

La historia relatada en Jueces 14 describe un momento en el que Sansón iba caminando y un león joven que vino sobre él para matarlo. Y el texto continúa diciendo que: *«Y el Espíritu de Jehová vino sobre Sansón, quien despedazó al león como quien despedaza un cabrito, sin tener nada en su mano»* (v.6). Seguramente estarás pensando: ¡Qué fuerte era Sansón! Pero el texto dice que el Espíritu de Dios vino sobre él, entonces mató al león. Quien mató al león fue Sansón, pero con la ayuda del Espíritu Santo. Ese es el modelo de trabajo del cielo en la tierra. Nosotros hacemos la obra, pero quién nos ayuda es el Espíritu Santo.

El Espíritu Santo es la persona más humilde que conozco. Jesucristo dijo que el Espíritu Santo ni siquiera venía a hablar de Él sino de Jesús y a revelar al Padre. Pero, ¿por qué hablo yo de Él? Porque si no lo conocemos, no podemos conocer al Padre ni al Hijo.

> «La relación con el Espíritu Santo es lo que nos va a ayudar a descubrir los secretos del Padre y el potencial que nos ha concedido».

Necesitamos la fuerza de Dios para poder quebrarle la cabeza a esos leones que quieren destruirnos, que vienen por ti y por mí, pues solos no podremos lograrlo. Quizás estés al frente de una congregación, de un ministerio o un grupo de discipulado, pero quien imparte el mensaje es el Espíritu de Dios. La gente te ve enseñando y dice: «¡Qué gran predicador! ¡Qué tremenda palabra sobrenatural ha predicado!». Pero debes entender que somos el cuerpo, el que está en ti es quien te está inspirando, te está revelando, te está impartiendo el mensaje que llega a tu espíritu y que transforma el corazón.

Por lo tanto, amigo pastor o líder, te recomiendo que te olvides tus fuerzas y de tus estrategias y le pidas al Espíritu Santo que te indique cómo hacer que las cosas funcionen. Él es quien capacita, envía, prepara, unge y quien nos ayuda.

Sansón rompió las cuerdas que lo ataban.

En otra ocasión, la Biblia relata que los filisteos acamparon en Judá para capturar a Sansón. Entonces, los mismos hombres de Juda fueron ante Sansón para entregarlo, porque los filisteos gobernaban sobre ellos. Luego de hablar con ellos, Sansón permitió que lo ataran con cuerdas nuevas y lo llevaran ante los filisteos.

Al llegar al lugar donde debían entregarlo ocurrió lo siguiente: *«el Espíritu de Jehová vino sobre él, y las cuerdas que estaban en sus brazos se volvieron como lino quemado con fuego, y las ataduras se cayeron de sus manos»* (Jueces 15:14).

Ningún hombre con fuerza normal puede romper cuerdas, especialmente si son nuevas. Lo habían amarrado y lo llevaron atado. Desconozco qué tramo caminó Sansón atado, tal vez quiso zafarse, pero no pudo. Tal vez estuvo atado unos treinta o cuarenta minutos. Pero Sansón no se liberó por su propia fuerza. Cuando los filisteos gritaron, la Escritura dice que el Espíritu de Jehová vino sobre Sansón y rompió las cuerdas como si fueran hilos de coser.

Tus enemigos deben tener cuidado con lo que gritan contra ti, porque puede ser que ese grito active el poder de Dios sobre tu vida. Deja que el diablo vocifere, que otros digan de ti lo que quieran. Si te detienes a pensar en la historia, Sansón estaba atado, no pudo romper las cuerdas mientras estaba solo sino hasta que el Espíritu Santo vino sobre él. Humanamente Sansón no hubiera podido hacer nada, todo lo hizo a través de la fuerza que el Espíritu Santo impartió sobre él.

Cuando frente a ti hay cosas imposibles de realizar, si el Espíritu de Dios viene sobre tu vida, son posibles. Aquellos proyectos imposibles de desarrollar, con el Espíritu de Dios vendrán los recursos para lograrlo. Aquellas cosas imposibles de alcanzar, con el Espíritu Santo son posibles.

> **«No cambies la ayuda y la intervención de Dios por los recursos teóricos muertos y secos de los hombres».**

Necesitamos doblar las rodillas ante Dios y decirle: «Señor, sin ti no puedo; pero contigo todo es posible».

Agradezco al Espíritu Santo de Dios por darme esta palabra para tu vida. Te invito a que pongas en práctica esta enseñanza, y descubras que la verdadera fuerza sobrenatural que hoy necesitas no viene de tu capacidad sino del Espíritu de Dios en tu vida.

Comenzar el día con Dios es lo mejor.

DÍA 12
Que nada te aleje de Dios

«De la manera que Jehová ha estado con mi señor el rey, así esté con Salomón, y haga mayor su trono que el trono de mi señor el rey David» (1 Reyes 1:37).

Bienvenido a nuestra cita diaria con tu libro *Comenzando tu día con Dios*. Hoy Dios tiene una palabra fresca para tu corazón. Sé que cosas nuevas comenzarán a suceder en ti de acuerdo a tu fe.

La Biblia nos cuenta que cuando Salomón nació, Jehová lo amó (2 Samuel 12:24), y además agrega que Jehová estaba con él (1 Reyes 1:37). Esto significa que Dios le estaba abriendo puertas a Salomón, le estaba dando gracia ante los jueces, gobernantes, padres de familia, patriarcas, levitas y sacerdotes. Esto no significa que Salomón tuviera una relación profunda con Dios, ya que todavía no había tenido un encuentro especial como el que leemos que tuvo aquella noche.

Salomón subió a Gabaón, el lugar alto donde se ofrecía sacrificio a Dios, para brindar mil holocaustos a Jehová con la intención de encontrarse con Él, consultarlo y recibir Su dirección para la nueva misión que debía enfrentar: Ser el tercer rey de Israel.

Para hacer honor a tal tarea, Salomón necesitaba la dirección de Dios para manejar el reino. Él reconocía que, a pesar de haber sido aceptado por los hombres, de tener el apoyo de los jueces, los gobernantes, los príncipes, los patriarcas, aun así, necesitaba la dirección divina. Salomón entendía que, sin el apoyo de Dios, no lo lograría.

Buscar la dirección de Dios

La vida nos presenta desafíos constantes y para poder tomar decisiones correctas necesitamos buscar la dirección de Dios, tratar de llegar al lugar más alto y cercano a Él, a Gabaón, para que nos hable. Allí sabremos qué quiere que hagamos o cómo quiere que nos movamos. Según el texto de Romanos 8, es importante entender que fuimos diseñados para ser guiados por el Espíritu de Dios, porque somos sus hijos.

El tiempo de ser dirigidos por la carne debe terminarse de inmediato. Ya no podemos ser dirigidos por la vista o por el sentir. No podemos tomar decisiones motivados por las críticas o la persecución. Siempre debemos consultar a Dios y preguntarle: «Señor, ¿qué quieres que haga con esto que estoy viviendo, hacia dónde y cómo me muevo?».

> «Dale prioridad a Dios en tu vida».

Es muy importante saber qué piensa Dios acerca de tus decisiones. Para ello es necesario que le consultes en oración y esperes sus indicaciones. No te afanes acerca de cómo Dios te va a hablar, te aseguro que Él lo hará. No te preocupes por cómo lo va a hacer, de una forma u otra, tú lo vas a entender y sabrás que es Dios el que te está hablando.

Resaltemos dos puntos importantes en esta historia:

Salomón decidió buscar a Dios.
Me emociona ver a un rey como Salomón, a quien la Escritura califica como *«engrandecido por Dios»*, *«bendecido por Dios»*, *«exaltado por Dios»* y, aun así, a pesar de tener todos los beneficios del Reino, decidió buscar la guía de Dios porque entendía que no podía lograrlo sin Él.

En pocos días el joven Salomón se hizo famoso, se engrandeció, se enriqueció y llegó a ser el hombre más famoso de la tierra en esos tiempos, porque Dios estaba con él. Sin embargo, no se conformó con la fama o el éxito, sino que decidió buscar a Dios más intensamente.

> **«Nunca dejes que el éxito te aleje del trono de Dios».**

Nunca dejes que el engrandecimiento, la fama, la fortuna, las oportunidades, la residencia, el amor de pareja, te alejen de la Presencia de Dios. Él es tu Dios por sobre todas las cosas. ¡Cuántas personas, al lograr sus metas o sus sueños, tienden a perder su relación con Dios! Muchos comienzan a alejarse, a enfriarse y ya no tienen tiempo para Dios, no se acercan a Su Presencia como solían hacerlo antes. Ya no tienen tiempo para esperar la gracia, la dirección y la virtud de Dios.

No permitas que las bendiciones que has alcanzado hasta hoy roben tu relación con Dios, que vale más que todo el dinero de esta tierra y que todos los aplausos de los hombres.

Pídele a Dios que te ayude a mantenerte firme en Él, porque si es por tu carne nunca podrías lograr los planes para tu vida. Solo podrás alcanzarlos por la gracia de Dios, el control y el dominio del Espíritu Santo que te guía.

Ofrenda a Dios

Cuando Salomón estaba en Gabaón, se le apareció Jehová en sueños y le dijo que le pidiera lo quisiera, que Él se lo daría. Ante esta declaración, lo primero que hizo Salomón fue reconocer la gran misericordia que tuvo con su padre David, y con él. Luego, le pidió un corazón entendido para juzgar al pueblo y para discernir entre lo bueno y lo malo.

Esta simpleza en las palabras de Salomón y en humildad de corazón, dice la Escritura, que agradó el Señor, y le dijo: «*Porque has demandado esto, y no pediste para ti muchos días, ni pediste para ti riquezas, ni pediste la vida de tus enemigos, sino que demandaste para ti inteligencia para oír juicio, he aquí lo he hecho conforme a tus palabras; he aquí que te he dado corazón sabio y entendido, tanto que no ha habido antes de ti otro como tú, ni después de ti se levantará otro como tú. Y aun también te he dado las cosas que no pediste, riquezas y gloria, de tal manera que entre los reyes ninguno haya como tú en todos tus días. Y si anduvieres en mis caminos, guardando mis estatutos y mis mandamientos, como anduvo David tu padre, yo alargaré tus días*» (1 Reyes 3:11-14).

Cuando Salomón despertó, se dio cuenta de que había sido un sueño, y fue a Jerusalén, y se presentó delante del arca del pacto de Jehová, sacrificó holocaustos, ofreció sacrificios de paz e hizo banquete a todos sus siervos.

Salomón ofreció todo esto a Dios porque quería escuchar Su voz. Levantó una ofrenda para provocar que descendiera Su gracia. Imagínate colocar dos millones de dólares en billetes de veinte en una hoguera y prenderles fuego, diciéndole: «Jehová, quemo estos dos millones porque yo quiero que tú me hables». Si Dios nos pusiera a prueba, no nos atreveríamos a quemar ni siquiera quinientos dólares, porque el ser humano está tan atado a lo material que le es difícil confiar en lo espiritual.

Hoy en día, queremos ver la gloria de Dios sin sacrificar nada ante Él. Muchas personas se ofenden cuando hablan de ofrendas, no les agrada el tema, pero me he dado cuenta de que Dios nunca ha aplaudido a los mezquinos.

Agradezco a Dios por esta palabra revelada a nuestra vida. Te invito a que reflexiones en tu búsqueda por escuchar la voz de Dios. ¡Permite que el Espíritu Santo te hable y te guíe!

Comenzar el día con Dios es lo mejor.

DÍA 13

Jehová es mi pastor

«Jehová es mi pastor; nada me faltará. En lugares de delicados pastos me hará descansar; junto a aguas de reposo me pastoreará. Confortará mi alma; me guiará por sendas de justicia por amor de su nombre. Aunque ande en valle de sombra de muerte, No temeré mal alguno, porque tú estarás conmigo; Tu vara y tu cayado me infundirán aliento. Aderezas mesa delante de mí en presencia de mis angustiadores; unges mi cabeza con aceite; mi copa está rebosando. Ciertamente el bien y la misericordia me seguirán todos los días de mi vida, Y en la casa de Jehová moraré por largos días» (Salmo 23:1-6).

Bienvenido a esta palabra que recibí del Espíritu Santo de Dios para entregártela a ti en el día de hoy.

El Salmo 23 es uno de los capítulos de la Biblia más conocidos. Hace algunos años, en Inglaterra sucedió un testimonio maravilloso que quiero compartirlo contigo.

El auditorio estaba lleno para escuchar a dos hombres que recitarían el Salmo 23. Habían invitado a un joven elocuente de la universidad que sabía hablar muy bien y muy educado. Este joven cristiano de buen testimonio pasó primero y comenzó a leer el Salmo 23. Cuando terminó de leer la última parte: «*En la casa de Jehová moraré por largos días*», aquel auditorio estalló en aplausos. El público saltaba y aplaudía, porque habían sido capturados por la forma tan perfecta en la que este joven había citado el salmo. El aplauso de la gente se mantuvo por más de quince minutos sin parar.

Entre la congregación había un niño que estaba al frente, observando alegremente los aplausos y lo que estaba aconteciendo. Cuando aquel joven elocuente terminó, pasó un abuelo, un anciano que llevaba bastón, casi no podía ni mantenerse derecho. Logró llegar al micrófono y comenzó a citar el mismo Salmo 23, pero en cada verso el anciano se detenía y lloraba, se veía la pasión por la Presencia de Dios que lo invadía. Al terminar el último verso que dice: «*Y en la casa de Jehová moraré por largos días*», el anciano de noventa años tenía lágrimas en su rostro.

Cuando el anciano culminó, el público no estalló en aplausos ni siquiera se pusieron de pie, simplemente cayeron de sus asientos de rodillas, estaban compungidos, impactados por el toque de la Presencia de Dios.

El niño que estaba viendo todo frente a aquellos dos grandes hombres de Dios: el joven y el anciano se le acercó al joven y le dijo: «No entiendo». El joven le preguntó: «¿Qué no entiendes, hijo?». El niño le dijo: «Tú recitaste el Salmo 23 y la gente aplaudió, pero cuando este anciano lo dijo, la gente estaba bañada en lágrimas y cayó al piso tocada por el poder de Dios. Fue el mismo Salmo, no lo alteró, no dijo nada fuera de orden, dijo lo mismo que tú. ¿Por qué con él la gente cayó al piso tocada por Dios y contigo solo aplaudió?». Aquel joven honesto y sincero le dijo: «Es que yo conozco el Salmo 23, pero ese anciano conoce al pastor del Salmo 23. Yo conozco el Salmo 23, pero él conoce a quien escribió el Salmo 23, a Jesús».

Conoce al Jesús que predicas

No es lo mismo predicar el evangelio con teorías muertas, que predicarlo cuando tienes una relación cercana con Dios.

El Salmo 23:1 dice: «*Jehová es mi pastor y nada me faltará*». Así necesitas comenzar tu día, entendiendo y declarando que Jehová es tu pastor, que nada te faltará.

Cuando entiendas que eres pastoreado por Dios, tus preocupaciones dejarán de estar; tu opresión se irá. Tu angustia, tu desesperación, la incertidumbre que los problemas del día traigan a tu vida, serán silenciadas al tener la certeza de que no estás solo, sino que tienes un pastor que vela por ti, que trabaja a tu favor y que te cuida.

> **«No lo olvides: Y en la casa de Jehová moraré por largos días».**

Comenzar el día con Dios es lo mejor.

DÍA 14

Ríos de agua viva

«En el último y gran día de la fiesta, Jesús se puso en pie y alzó la voz, diciendo: Si alguno tiene sed, venga a mí y beba. El que cree en mí, como dice la Escritura, de su interior correrán ríos de agua viva» (Juan 7:37-38).

Bienvenido a esta palabra que recibí del Espíritu Santo para ti.

Hoy en día, miles de iglesias y de cristianos no tienen el agua viva que proviene de Jesús, no tienen el fluir del Espíritu Santo. Cuando un salmista o un predicador no tiene al Espíritu Santo, no tiene el fluir de Dios.

La ciencia revela que el cuerpo humano está compuesto básicamente de agua, y tú bien sabes que tu vida espiritual se compone de Espíritu. Cuando el Espíritu de Dios es quitado de nuestras reuniones, cuando actuamos, planeamos y nos movemos sin consultar, sin estar rendidos al Espíritu Santo, vamos caminando hacia una vida sin sentido, a una vida religiosa, a una vida sin vida.

Cuando Cristo dijo que ríos de agua viva fluirían de nosotros, estaba explicando que para que nuestro cerebro, nuestra sangre y nuestro cuerpo funcionen necesitamos al Espíritu Santo, la Presencia de Dios.

La iglesia está deshidratada

Hace algún tiempo alguien me dijo: «La iglesia está deshidratada espiritualmente». Esto produce que los cultos no tengan vida, que jóvenes no sean transformados, y todo esto ocurre cuando no le permitimos al Espíritu de Dios que fluya en nosotros. Cuando su río no corre en el caudal de nuestra vida, nos deshidratamos, cantamos sin ánimo, predicamos sin fuerza. Cualquier información en las redes sociales nos lleva a dudar de Dios, porque no estamos hidratados por el agua del Espíritu Santo. Jesucristo dijo: «Y este río fluirá de lo profundo».

«Cuando yo me vaya, Él viene»

Desde estas páginas profetizo sobre tu vida: «Dios va a hidratar tu vida espiritual. Mientras estás leyendo estas palabras, el agua viva del Espíritu Santo de Dios comenzará a fluir en ti».

Sin el Espíritu Santo no habrá fluir, no habrá existencia. Él es la fuente de toda vida. Él sostiene todas las cosas. El Espíritu Santo es quien hace que todo sea funcional. Él es el comandante de todos los ángeles. Él es quien dirige.

Es por eso que Jesús dijo: «Cuando yo me vaya, Él viene». Es necesario que Él venga porque nos va a conducir al propósito, a la victoria, al cumplimiento. Nos va a aconsejar, a dirigir, a mostrar, a enseñar.

> «Él estará con nosotros todo el tiempo».

De acuerdo a estudios médicos realizados se determinó que podemos vivir varios días sin ingerir alimentos, pero muy pocos días sin beber. Sin agua, nuestros riñones y todo nuestro cuerpo, colapsará. Lo mismo ocurre en una vida sin el Espíritu Santo, termina colapsando. Es imposible vivir sin la Presencia de Dios.

La revelación por el Espíritu de Dios

El apóstol Pablo le dijo a los corintios: «*Sin embargo, hablamos sabiduría entre los que han alcanzado madurez; y sabiduría, no de este siglo, ni de los príncipes de este siglo, que perecen*» (1 Corintios 2:6).

Los recursos de este siglo no ayudan a alcanzar a conocer los misterios de Dios. No puedo conocer lo predestinado de Dios para mi vida a través de Internet o de las redes sociales. Pablo dijo que la sabiduría solo proviene de Dios, y que ni siquiera los príncipes de este siglo la alcanzan ni la entienden.

«*Mas hablamos sabiduría de Dios en misterio, la sabiduría oculta, la cual Dios predestinó antes de los siglos para nuestra gloria*» (1 Corintios 2:7).

La palabra «*misterio*» significa «*cosas profundas y ocultas*». Pablo, que era un hombre profundo en el Espíritu, trata de explicarnos que las cosas ocultas y profundas solo se encuentran en el Espíritu. Luego, dice que Dios predestinó esta sabiduría antes de los siglos. Él preparó los misterios y las revelaciones antes de que el sol brillara para nuestra gloria en el día de hoy.

Esto es una ciencia de Dios. Son cosas ocultas a las que no vamos a acceder a través de la mente humana, de un maestro en la universidad, de un noticiero, ni será revelado a través de un gobernador o de un presidente. Son misterios escondidos que Dios reservó y predestinó para quienes andan en el Espíritu.

Millones de cristianos no acceden a los misterios y a las cosas predestinadas por Dios para su vida porque no tienen una vida en el Espíritu, porque todavía no fluye el agua en su interior.

Dios predestinó esta sabiduría «para nuestra gloria», «para nuestro beneficio». Pero, ¿por qué hay cristianos mendigando gloria cuando Dios tiene una lista con sus nombres reservados para ellos? Porque viven y se mueven en lo natural. No pueden acceder a lo que ya les pertenece porque quieren ingresar a las profundidades de Dios a través de otros, y solo se accede a través del propio espíritu conectado al Espíritu de Dios.

Te animo a que dejes de pensar como un niño y comiences a madurar, porque hay gloria reservada y predestinada para ti, para que camines en esa dimensión, en las profundidades que solo el Espíritu Santo revela.

Agradezco al Espíritu Santo por esta palabra fresca que me ha dado para ti hoy. Deseo que sea de gran bendición para tu vida. Te invito a continuar leyendo estas reflexiones cada día.

Comenzar el día con Dios es lo mejor.

DÍA 15
Cómo acceder a las profundidades de Dios

«Mas hablamos sabiduría de Dios en misterio, la sabiduría oculta, la cual Dios predestinó antes de los siglos para nuestra gloria, La que ninguno de los príncipes de este siglo conoció; porque si lo hubieran conocido, nunca hubieran crucificado al Señor de gloria. Antes bien, como está escrito: cosas que ojo no vio, ni oído oyó, ni han subido en corazón de hombre, son las que Dios preparó para los que le aman. Pero Dios nos las reveló a nosotros por el Espíritu; porque el Espíritu todo lo escudriña, aun lo profundo de Dios» (1 Corintios 2:7-10).

Bendiciones para ti y para tu familia. En la lectura de hoy, continuaremos hablando de los misterios ocultos de Dios y de la sabiduría que Él ha predestinado para nosotros desde antes de los siglos.

El día de ayer comprendimos que la ciencia de Dios son cosas ocultas a las que no podemos a acceder a través de la mente humana. Son misterios ocultos que Dios ya ha reservado y predestinado para que sea revelado a todo cristiano que anda en el Espíritu.

Él lo reservó «*para gloria nuestra*», para nuestro beneficio. Sin embargo, hay cristianos mendigando gloria porque viven en lo natural y no pueden acceder a lo que ya les pertenece en lo espiritual. Quieren acceder a las profundidades de Dios a través de otros, pero solo se accede a esa gloria a través del propio espíritu conectado al Espíritu de Dios. Esa gloria reservada, predestinada, es para que tú camines en esa dimensión, en las profundidades que solo el Espíritu Santo revela.

Cómo acceder a la gloria

El apóstol Pablo declara en el verso 9: que esa gloria es «*para los que le aman*», para los que aman Su Presencia, los que aman a Dios. Pero, ¿cómo accedemos a ella? ¿Cómo descubro los misterios ocultos creados para mi vida?

Es como cuando alguien te da un regalo y te dice que es bueno, pero que tienes que esperar hasta las dos en punto de la tarde para poder abrirlo. La hora se acerca y tú esperas impacientemente. Sabes que el regalo existe, pero no puedes acceder a él hasta que no lo abras. No puedes disfrutar del regalo que te entregaron, que predestinaron y escogieron para ti, hasta que lo abras. El regalo existe, pero todavía no te ha sido revelado.

Pablo dijo que hay cosas predestinadas desde antes de los siglos para nosotros, pero que aún están envueltas en un misterio, están ocultas. Son nuestras, tienen nuestros nombres, y para acceder a ellas hay que abrirlas. El único que puede llevarnos allí, es el Espíritu Santo.

El verso 10 dice: «*Pero Dios nos las reveló a nosotros por el Espíritu*». El Espíritu es quien nos lleva a acceder al misterio predestinado para cada uno, a la gloria que Dios reservó para nosotros. Es el Espíritu Santo quien nos da acceso a ese tipo de profundidades. No hay otra forma de llegar a conocer lo que Dios nos ha concedido si no es a través de una vida llena del Espíritu.

La vida del Espíritu es la que te da la revelación del corazón del Padre. Por eso, nadie conoce lo que hay en el hombre sino el Espíritu Santo que vive en el hombre. Nadie conoce lo que hay en Dios, sino el Espíritu íntimo de Dios.

«Lo cual también hablamos, no con palabras enseñadas por sabiduría humana, sino con las que enseña el Espíritu, acomodando lo espiritual a lo espiritual» (1 Corintios 2:13).

Si quieres conocer esa gloria que Dios reservó, predestinó y conservó desde antes de los siglos para ti, hay una sola puerta de acceso, un solo camino, una sola persona que te puede llevar a ese lugar: el Espíritu Santo de Dios. Por eso el Espíritu es agua, ya que sin el Espíritu no se puede vivir, no se puede acceder, no se puede predicar, no hay convicción de pecado y no hay liberación.

> **«Donde está el Espíritu de Dios, allí hay liberación».**

Dios nos revela todo por medio del Espíritu; porque el Espíritu todo lo escudriña, aun lo profundo de Dios. Te abre el entendimiento para que comprendas lo que te está diciendo. Acomoda lo espiritual en lo espiritual.

Cuando el Espíritu Santo te revela una palabra, y te dice: «Predícala», Él acomodará esa palabra a lo espiritual, hará que, aunque a ti te falte entendimiento, comprendas lo que estás oyendo. Mucha gente le atribuye al predicador los dones, dice que es sabiduría, que es ciencia, que es misterio. ¡No! Es el Espíritu Santo tomando el lenguaje del pastor y acomodándolo a tu entendimiento.

Acomodando lo espiritual a lo espiritual

Cuando eres espiritual, debes relacionarte con gente espiritual, y si te relacionas con gente carnal que sea únicamente para llevarlos a que sean como tú, espirituales. Es necesario tener un ambiente espiritual que te ayude a acomodar tu parte espiritual a las cosas espirituales. No puedes permitir la entrada de una atmósfera natural y carnal en una atmósfera establecida por el Espíritu. Debes escoger a quién vas a escuchar.

Un muchacho no puede ser libre mientras siga teniendo amigos atados igual que él. Será libre cuando se relacione con alguien que ya es libre. Relaciónate, invierte tiempo con gente del Espíritu. Escucha el mensaje del Espíritu. No prestes tus oídos a personas que no están en un ambiente espiritual, porque el que no vive la vida con el Espíritu Santo, no puede acceder a las profundidades y a los misterios del Espíritu. Por lo tanto, cuando hables con ellas, no van a extraer consejos de Dios para darte a ti, sino que provendrán de su mente natural, y van a terminar afectando tu parte espiritual. Es por eso que debes escoger y escuchar a personas que accedan al Espíritu de Dios, descubriendo los misterios secretos del Espíritu. Cuando escuchas a alguien que extrajo algo del Espíritu y te lo comunica, sientes que lo que hay dentro de ti, brinca.

La llave de la liberación

Seguramente conoces la historia del endemoniado gadareno. Al interiorizarme más me llamó mucho la atención que lo ataban con cadenas y grillos. Los amigos que iban a visitarlo no iban con llaves sino con cadenas. El hombre tenía una legión de cinco mil demonios viviendo en su cuerpo, y cada vez que alguien lo visitaba era para ponerle más cadenas de las que ya tenía.

Si yo hubiera sido ese endemoniado, les hubiera preguntado a mis amigos: «¿Quién los envió? Tengo cinco mil demonios que me atormentan y ustedes vienen con cadenas y grillos para amarrarme». Pero cuando Cristo llegó a Gadara, no llevó consigo cadenas ni grillos, sino la llave de la liberación.

Muchos cristianos reciben visitas que llegan con cadenas, añadiendo dolor a su dolor, ataduras a sus ataduras, en lugar de ir con llaves. Cuando Jesús descendió del cielo, no vino con cadenas sino con llaves. Él vino a abrir las puertas de los que estaban oprimidos.

Agradezco a Dios por esta palabra de revelación para tu vida. Te exhorto a que continúes leyendo el mensaje que cada día te transmito del Espíritu Santo para que puedas acceder a los misterios que Dios ha predestinado para tu vida.

Comenzar el día con Dios es lo mejor.

DÍA 16
Un milagro en tu casa

«Una mujer, de las mujeres de los hijos de los profetas, clamó a Eliseo, diciendo: Tu siervo mi marido ha muerto; y tú sabes que tu siervo era temeroso de Jehová; y ha venido el acreedor para tomarse dos hijos míos por siervos. Y Eliseo le dijo: ¿Qué te haré yo? Declárame qué tienes en casa. Y ella dijo: Tu sierva ninguna cosa tiene en casa, sino una vasija de aceite. Él le dijo: Ve y pide para ti vasijas prestadas de todos tus vecinos, vasijas vacías, no pocas. Entra luego, y enciérrate tú y tus hijos; y echa en todas las vasijas, y cuando una esté llena, ponla aparte» (2 Reyes 4:1-4).

Bienvenido a nuestra cita diaria *Comenzando tu día con Dios*. Hoy Dios tiene una palabra fresca para tu corazón y cosas nuevas comenzarán a suceder en tu vida.

La historia de hoy nos relata la situación de una viuda a quien su esposo la había dejado sin recursos y con una deuda, por la cual sus acreedores exigían el pago o, en su lugar, tomarían a sus hijos como esclavos.

La decisión correcta

Frente a esta situación, esta mujer desesperada tomó la decisión correcta. Ella sabía que no disponía de los recursos necesarios para resolver la situación, su única solución dependía de Dios. Por lo tanto, accionó frente a la situación que estaba viviendo y fue a ver al profeta Eliseo.

Según indica la Escritura, su esposo era *hijo de los profetas* y *siervo* de Eliseo. Por lo tanto, ella recurrió al profeta Eliseo, y le dijo: «Tú sabes que mi marido, tu siervo, era temeroso de Dios y era uno de los hijos de los profetas. Ha muerto y su acreedor ha venido a tomar a dos de mis hijos como siervos». Entonces Eliseo le preguntó: «¿Qué puedo hacer yo por ti?».

Qué importante es saber tomar las decisiones correctas en los momentos críticos de la vida. Esos tiempos cuando todas las puertas se cierran, cuando los recursos no alcanzan para suplir las necesidades y no tenemos fuerza ni apoyo humano para salir de la circunstancia que estamos enfrentando.

Esta mujer, en medio de su desesperación no se sentó en su casa a llorar sus penas, sus deudas ni sus problemas. Ella no se deprimió ahogada en sentimientos de tristeza ni de depresión. Esta mujer accionó y tomó la decisión correcta para poder alcanzar el milagro que necesitaba en su casa. Se acercó al profeta Eliseo y le expuso la situación que estaba viviendo.

¿Por qué fue a ver a Eliseo? El profeta era el punto de conexión con Dios. Era alguien sobre quien reposaba el don profético del Espíritu Santo. En esta historia, Eliseo representa al Señor. Ante su necesidad, ella corrió hacia los pies de Dios, entendió que su socorro vendría de Él, quien traería su sustento, su solución.

Muchas veces, al igual que la viuda, enfrentamos deudas, problemas emocionales, espirituales, físicos; y realmente no tenemos la fuerza física, económica ni espiritual para poder enfrentarlas, y nos sentimos acorralados. Entonces decimos: «¿Qué será de mí? ¿Qué voy a hacer? ¿Cómo voy a terminar?». Es en ese momento cuando muchos toman el camino erróneo. Algunos se suicidan o buscan respuestas equivocadas porque no ven una salida.

Sin embargo, la Biblia está llena de historias que demuestran que Dios siempre ha sido la solución a todos nuestros problemas. Él es nuestro socorro, nuestra fuente de agua en el desierto. Él es el fuego de noche y la nube de día. Él es el Dios que está dispuesto a extender su brazo sobre aquellos que claman a Él.

> «Si buscamos a Dios, encontraremos la solución a cualquier problema».

Dios es tu sustento

El propósito de la lectura de hoy es comprender que, cuando la mano del hombre se corta, cuando los recursos humanos se acaban, Dios seguirá siendo la roca inconmovible de los siglos.

La Biblia dice: «*Señor, tú nos has sido refugio de generación en generación*» (Salmo 90:1). Dios siempre ha estado dispuesto a extenderte Su mano. Él solo espera que toques a Su puerta para abrirla, que clames para responder, que lo busques para dejarse hallar.

David dijo: «*Alzaré mis ojos a los montes; ¿De dónde vendrá mi socorro? Mi socorro viene de Jehová que hizo los cielos y que hizo la tierra*» (Salmo 121:1-2).

No sé qué situación estarás viviendo hoy, si es un proceso de enfermedad, de deuda económica o de división familiar. No sé a qué te estés enfrentando en este día, pero puedo aconsejarte qué dirección tomar: Ve a Dios, ponte sobre tus rodillas, pídele, lee Su Palabra y encontrarás en ella las ideas, el consuelo, la dirección y los recursos de Dios para tu vida.

Si Él permitió que leyeras esta lectura del día de hoy, es porque de antemano ha provisto los recursos que necesitas para pagar tus deudas, llevar paz a tu familia, sembrar unidad en tu matrimonio y poder criar a tus hijos en bienestar. Él es un Dios de misericordia, bondadoso, que siempre está dispuesto a extender su mano hacia nosotros.

Esta mujer viuda y endeudada estaba en una situación difícil. Sin embargo, no se dedicó a llorar, a quejarse o a lamentarse. Cuando estés frente a dificultades, y te sientes a llorar, a quejarte o a buscar un culpable, te darás cuenta de que de esa forma el problema no se resolverá. Las dificultades se resuelven enfrentándolas en fe, yendo a Dios, doblegándonos ante Él, rindiéndonos ante Su Presencia y creyendo que Él va a obrar.

«Dios siempre está dispuesto».

Dios puede multiplicar tus recursos

Cuando la viuda expuso su caso ante Eliseo, él le respondió: *«Declárame qué tienes en casa»*. Tal vez como profeta, Eliseo sabía qué había en su casa. Quizás Dios ya le había mostrado de antemano que había una vasija con aceite. Sin embargo, Dios quería que ella expresara el nivel de fe que tenía.

La respuesta de ella ante la pregunta de Eliseo fue: *«Tu sierva ninguna cosa tiene en casa, solo una vasija llena de aceite»*. Una vasija de aceite era muy poco para ella, pero para Dios era la materia prima para generar un milagro que cambiaría su vida.

Entonces Eliseo le dijo: *«Ve y pide para ti vasijas prestadas de todos tus vecinos, vasijas vacías, no pocas. Entra luego, y enciérrate tú y tus hijos; y echa en todas las vasijas, y cuando una esté llena, ponla aparte»* (vv.3-4).

Así comenzó el milagro sobrenatural de la multiplicación del aceite que inició con una pequeña vasija. Lo que ella miraba como poco, Dios lo veía como mucho. Lo que ella, con su mente humana, nunca pensó que podía ser su recurso, Dios lo utilizó para traer solución y provisión.

¡Cuántas veces ignoramos las pequeñas cosas que Dios ha puesto a nuestro alrededor, y nos enfocamos en las grandes cosas que otros tienen! En realidad, Dios siempre va a usar lo que esté más cercano a nosotros. La viuda nunca imaginó que la solución del problema para su deuda estaba en su propia casa. De ahí que titulé la lectura del día de hoy: **«Un milagro en tu casa»**.

> «La viuda buscó afuera lo que ya tenía en casa».

Fue importante que ella saliera de la casa, porque cuando se encontró con Eliseo, la unción profética la conectó con lo que ella tenía en su casa. Seguramente tienes potenciales escondidos, recursos e ideas que los has menospreciado y los has puesto en poco. Necesitas conectarte con la Palabra de Dios, con la unción y con el Espíritu Santo de Dios.

El hecho de que hoy estés leyendo este texto es una señal de que a partir de ahora te vas a conectar con lo profético, con la unción de Dios que te dará revelación, dirección y solución ante lo que estás enfrentando.

Oro para que hoy sean abiertos tus ojos y puedas ver pequeñas cosas hay en tu casa que Dios pueda usar. Quizás Dios usará esos pequeños consejos que tu esposa o tu esposo te da, o quizás ese amigo de quien tú menos esperas una idea, será a quien Dios use para darte dirección.

Por lo tanto, no menosprecies los pequeños comienzos ni las pequeñas cosas, porque ellas son las que tienden a llevarte a los grandes resultados.

Esta mujer resolvió su problema gracias a tres principios que produjeron una revolución financiera a su casa:

1. No se quedó sentada llorando. Se levantó, y fue a ver al profeta (hay que ir a Dios). Ella reaccionó.
2. Recibió la instrucción profética, tuvo oído para escuchar a Dios, le creyó y tomó acción.

3. Tenía una vasija llena de aceite.

No importa lo grande o pequeña que se vean las cosas, si hay aceite, habrá milagro. Prefiero una taza llena de aceite que un tanque vacío, porque hay más esperanza en lo que está lleno que en lo que está vacío.

Aunque sea una pequeñita taza de aceite, huele a milagro. Si tiene aceite, habrá sanidad. Si tiene aceite, habrá milagro. Mira dentro de ti y hallarás la solución que, desde la eternidad, ya Dios puso ahí.

> «Una pequeña vasija con una unción profética es suficiente para traer solución y bendición».

Oro que a través de la lectura recibas fe para creer que, aunque te veas pequeño y tus comienzos también lo sean, Dios hará cosas grandes en ti. Corre a Dios, así como esta mujer fue al profeta, busca Su Presencia y Su Palabra, y Dios te dará el consuelo, la dirección y la provisión que necesitas.

Gracias por permitirme entrar a tu vida a través de este libro y por dedicar tiempo para leer lo que tengo que decirte de parte de Dios.

Comenzar el día con Dios es lo mejor.

DÍA 17

Agrada a Dios antes que a los hombres

«Entonces Saúl dijo a Samuel: Yo he pecado; pues he quebrantado el mandamiento de Jehová y tus palabras, porque temí al pueblo y consentí a la voz de ellos. Perdona, pues, ahora mi pecado, y vuelve conmigo para que adore a Jehová. Y Samuel respondió a Saúl: No volveré contigo; porque desechaste la palabra de Jehová, y Jehová te ha desechado para que no seas rey sobre Israel» (1 Samuel 15:24-26).

Bienvenido amado lector que cada día lees esta palabra inspirada por Dios para tu jornada. Hoy quiero invitarte a buscar el favor de Dios, no el del hombre. Si tienes el favor de Dios, en muchas ocasiones tendrás el favor de los hombres. Pero cuando tienes el favor de los hombres, y no el de Dios, estarás desfavorecido en todas las áreas.

La obediencia, ante todo

Saúl fue el primer rey de Israel. Dios lo escogió y lo ungió con una redoma de aceite, pero la Biblia nos cuenta la triste historia de cómo terminó su vida.

Dios le había pedido que destruyera a Amalec porque había resistido a su pueblo en el desierto. Aparentemente Saúl había obedecido, pero solo a medias. Dejó las vacas gordas vivas, y también al rey. Dios vio que Saúl no había obedecido las indicaciones que le había dado, y le pesó haberlo puesto como rey.

Cuando el profeta Samuel llegó, comenzó a ministrarlo y le dijo: «Cometiste un error. Pensaste que Dios estaba interesado en tu ofrenda y no en tu obediencia. Pero para Dios no hay ofrenda que valga si primero no hay obediencia».

Cuando Saúl fue corregido y confrontado, dijo: «*Yo he pecado; pues he quebrantado el mandamiento de Jehová y tus palabras, porque temí al pueblo y consentí a la voz de ellos*» (v.24).

Es necesario entender que todo el que teme a los hombres y desobedece a Dios, será desechado, pero el que no teme a los hombres y obedece a Dios, será honrado por Él.

Luego de escuchar lo que Samuel dijo, Saúl respondió: «Me arrepiento, he pecado». Sin embargo, su arrepentimiento fue a medias, porque inmediatamente dijo: «*Perdona, pues, ahora mi pecado, y vuelve conmigo para que adore a Jehová*». En otras palabras: «Hónrame delante del pueblo, para que vean que estoy bien, aunque tú y yo sabemos en el secreto, que estoy mal».

No podemos actuar como Saúl y anhelar ser aplaudidos por las personas, ser honrados por el pueblo, cuando en verdad estamos siendo deshonrados en lo secreto por Dios.

Agradar a Dios

El profeta Samuel le respondió: «*No volveré contigo; porque desechaste la palabra de Jehová, y Jehová te ha desechado para que no seas rey sobre Israel*» (v.26).

Samuel no quería ir porque tenía en claro a quién servía. Tenemos que aprender a agradarle primero a Dios y luego a aquellos hombres que Dios determine que les agrademos. Este versículo habla al respecto:

«*Pues, ¿busco ahora el favor de los hombres, o el de Dios? ¿O trato de agradar a los hombres? Pues si todavía agradara a los hombres, no sería siervo de Cristo*» (Gálatas 1:10).

Esta es la pregunta: ¿Qué hago, busco el favor de agradar a los hombres o de agradar a Dios? Pues si busco agradar a los hombres, entonces no sería siervo de Cristo. Todos aquellos que quieran quedar bien con la gente, en algún momento tendrán que fallarle a Dios; porque hay cosas que la gente aplaude, pero que Dios no acepta. Hay cosas que la gente ama, que Dios no aprueba.

> **«Debemos entender que fuimos llamados primero a agradar a Dios antes que a los hombres».**

Cuando buscas el favor de los hombres, pero pierdes el favor de Dios, no eres siervo de Cristo. No busques agradar a los hombres desagradando a Dios. Primero agrada a Dios y luego a los hombres, si así Dios lo permite.

Hubo hombres como Ezequiel, Nehemías, Jeremías y muchos otros, que desagradaron al pueblo al entregarles el mensaje que Dios les dio, pero agradaron a Dios.

Fuiste llamado a deleitar a Dios. Él no quiere que en esta generación haya un Saúl que le importe lo que dirá el pueblo. Saúl le temía más a lo que diría la gente y a su reacción, que a lo que Dios le había dicho. Mi compromiso no es con el pueblo, es con Dios, que me envió a la tierra con propósito, me ungió, me compró con su sangre y me libró de la muerte. Mi vida es de Dios. Pablo dijo: *«Ya no vivo yo, Cristo vive en mí»*. Ya no me pertenezco a mí mismo, le pertenezco a Cristo.

Primero agrada a Dios, aunque les desagrades a los hombres; porque al final de la historia, el cielo y la tierra pasarán, pero Su Palabra no pasará. Él es el Alfa y Omega. Él es el principio y el fin. Él es el principio del principio. Él es el fin del fin.

Es mejor estar en paz con Dios, aunque tengas de enemigos a todos los hombres que no estén de acuerdo con el mensaje de Dios en tu vida. No te enfoques en lo que diga la gente. Los que te aplauden hoy son los mismos que mañana te lanzarán piedras cuando cometas un error. Los seres humanos olvidan fácilmente lo bueno que has hecho, olvidan que eres un siervo de Dios. Pueden ver cinco años de tu vida sirviendo a Dios, haciendo milagros y maravillas; pero el día que pecas, que cometes un error como todo ser humano, tomarán las piedras y olvidarán todas las hazañas que ha hecho Dios contigo, y te las lanzarán.

No te ancles en los hombres, sino en Dios.

Varios de los que Jesús había sanado fueron los mismos que gritaban: «Crucifíquenlo». Por eso, Cristo nunca estuvo anclado en las opiniones de la gente, sino en qué decía Dios. Si la opinión de los demás comienza a afectarte e intentas defenderte y defender tu visión, vas a terminar mal. Necesitas enfocarte únicamente en el Soberano, sin dar explicaciones a nadie más que a Dios.

Alguien dijo: «Si a cada perro que ladra le vas a dar una patada, pronto te vas a quedar sin pierna, porque siempre habrá perros que te van a ladrar mientras caminas». Enfócate solo en lo que Dios te ha dicho que hagas.

> **«No te olvides: Primero agrada a Dios, y luego a quién vas a agradar en la tierra».**

Que tengas un día bendecido. Nos encontramos mañana para recibir palabra fresca de Dios para un nuevo día. Que Dios te bendiga.

Comenzar el día con Dios es lo mejor.

DÍA 18
Sé fiel

«Aconteció que entró él un día en casa para hacer su oficio, y no había nadie de los de casa allí. Y ella lo asió por su ropa, diciendo: Duerme conmigo. Entonces él dejó su ropa en las manos de ella, y huyó y salió. Cuando vio ella que le había dejado su ropa en sus manos, y había huido fuera, llamó a los de casa, y les habló diciendo: Mirad, nos ha traído un hebreo para que hiciese burla de nosotros. Vino él a mí para dormir conmigo, y yo di grandes voces» (Génesis 39:11-14).

Amado lector, cada día trae un nuevo desafío, es por eso que lo mejor para comenzar una jornada es llenarte del Espíritu Santo.

En la historia de hoy podrás observar cómo el enemigo siempre está atento para tentarte cuando te encuentres cansado y debilitado, pero lo único que te mantendrá fiel en lo secreto, es el respeto y el conocimiento de saber que Dios te está observando, y te sostendrá el gran amor que tienes por Él.

El espíritu de la mujer de Potifar vendrá en tus momentos de soledad, cuando no haya nadie en la casa, cuando nadie te esté viendo, y te lo hará tan fácil que dirás: «Puedo hacerlo, nadie lo sabrá». Tal vez, así sea y nadie lo sepa por un tiempo, pero hay una palabra que expresa: *«Porque no hay nada oculto que no haya de ser manifestado; ni escondido, que no haya de salir a luz»* (Marcos 4:22). Satanás es tan malo que te pondrá una sábana para que no vean cuando vas a pecar, pero cuando hayas pecado, te la quitará, y quedarás al descubierto. Él tratará de hacerte infiel en lo secreto, pero Dios te dice: «Tú eres el José de este siglo. Tú eres quien le va a decir al diablo: No. Le vas a decir al pecado: No. Le vas a decir a la lujuria: No, porque respeto a mi Dios y por lo tanto no pecaré contra Él».

Dios estará contigo

Cuando José se negó a pecar, no le fue bien, sino mal. La mujer de Potifar se quedó con su ropa en la mano, entonces comenzó a gritar para que vengan los esclavos y sirvientes y le pregunten qué había pasado. Entonces ella respondió: «Este hombre trató de violarme». Potifar tomó al pobre muchacho y lo encarceló.

Cuando vives en santidad no siempre te va a ir bien, pero al final del día, Dios te va a coronar. La gente entenderá que quien es fiel en secreto, será honrado por Dios en público.

Por negarse a ofender a Dios, encarcelaron a José por casi tres años, pero dice la Palabra que: *«Jehová estaba con José y le extendió su misericordia, y le dio gracia en los ojos del jefe de la cárcel»* (Génesis 39:21). La presencia de José trajo prosperidad a la cárcel. El jefe de la cárcel tuvo que sentarse y verlo prosperar. Permíteme decirte que: Te van a perseguir, pero la fidelidad de Dios estará siempre contigo si eres fiel. Aunque te persigan y te encarcelen, no estarás solo. Dios te dice: «Como estuve con José, yo estaré también contigo».

> *Dios estará a tu favor si tú estás a favor de Dios.*

Dios no dejó solo a José, siempre estuvo ahí. Todas las bocas se levantaron contra José. En el reino hablaban mal de José, el mundo lo criticaba y juzgaba; pero el cielo hacía fiesta. Dios estaba alegre porque había visto que José era fiel a Él.

Habrá momentos que te sentirás encarcelado por haber sido fiel, te sentirás ignorado. Aquellos a quienes creías tus amigos se burlarán de ti por negarte a pecar. Te sentirás excluido de ese grupo y te preguntarás: «¿Por qué?». Al final de los años verás que todos los que se burlaron de ti estarán quebrados, atados, en cambio, tú serás coronado por Dios.

Sé fiel en el lugar donde estés

Estimado lector, no importa la edad que tengas, sé fiel en el lugar donde estudies, vivas o trabajes. Sé fiel en todo lugar. Si eres joven y tienes novia/o y por alguna razón, la mamá los deja salir solos porque confió en ti, sé fiel en ese compromiso que has asumido y te aseguro que la recompensa vendrá de Dios.

> *Si estás en la escuela, tu papá no te ve, pero tu Dios te está viendo.*

José tenía diecisiete años cuando todo lo que relata la historia ocurrió. Era un jovencito que no estaba casado, no tenía novia, pero tenía respeto por Dios, lo honraba y lo amaba.

Fue por eso que se negó a pecar y lo encarcelaron, lo difamaron, se burlaron, lo ultrajaron, lo humillaron y lo trataron como si fuera un delincuente. Luego se olvidaron de él en la cárcel, pero la Escritura dice lo más importante: «Jehová estaba con él».

Esto es lo que me enamora tanto de esta historia. Jehová nunca se apartó de José porque José nunca se apartó de la ley de Dios, del respeto y de la honra hacia Él.

> *Dios estará contigo a dondequiera que vayas.*

Agradezco a Dios por esta palabra para tu vida en este día. Te invito a que continúes leyendo cada día la palabra fresca que te transmito del Espíritu Santo de Dios.

Comenzar el día con Dios es lo mejor.

DÍA 19

Mantente en casa

«El avisado ve el mal y se esconde; más los simples pasan y reciben el daño» (Proverbios 22:3).

Te bendigo en el nombre de Jesús a ti que cada día lees esta palabra que te doy de parte del Espíritu Santo en este libro. Esto es lo que Dios puso en mi corazón esta mañana para ti.

El avisado y el simple

El texto citado dice que *«El avisado ve el mal y se esconde»*. Ahora, ¿quién es el avisado? Es el sabio, el entendido, el que tiene información, el que puede visualizar los tiempos, el que tiene intimidad con Dios.

Luego el texto continúa diciendo: *«más los simples pasan y reciben el daño»*. ¿Quién es el simple? Es aquel que ve lo mismo que ve el sabio, pero que decide no tomar precauciones.

Estamos experimentando un tiempo difícil a nivel global. Todo el mundo está viviendo catástrofes y pandemias que están cobrando la vida de miles de personas. Destruyen empresas, paralizan la economía, la educación y las actividades cotidianas. Es muy difícil lo que se está viviendo.

Tiempos proféticos

Muchas personas me preguntan: «Pastor, ¿qué dice Dios sobre esto que estamos viviendo?». Para serles honesto, no he escuchado a Dios decir nada referente a esto. Lo único que sé es lo que Mateo 24 dice: *«Dinos, ¿cuándo serán estas cosas, y qué señal habrá de tu venida, y del fin del siglo? (...) Y oiréis de guerras y rumores de guerras; mirad que no os turbéis, porque es necesario que todo esto acontezca; pero aún no es el fin. Porque se levantará nación contra nación, y reino contra reino; y habrá pestes, y hambres, y terremotos en diferentes lugares. Y todo esto será principio de dolores»* (v.3,5-8).

Este será el principio del fin. Estamos en tiempos proféticos y apocalípticos que se tienen que cumplir. Hasta el momento, Dios está en silencio conmigo en referencia a este punto. No sé si Dios le está hablando a otro, pero en mi caso particular, todavía no he recibido nada. Sin embargo, el Espíritu Santo puso en mi corazón esta palabra de Proverbios 22:3, que acabo de compartir contigo al comienzo de la lectura.

Los hijos de Isacar

De acuerdo con la descripción de «simple» a la que se refiere la Biblia, es alguien insensato, que no mide los tiempos, que carece de las revelaciones o tiene el aviso, que no toma acciones y, literalmente, se comporta irracionalmente frente a situaciones difíciles. El sabio, el entendido y el avisado es aquel que tiene el espíritu de los hijos de Isacar.

Hay dos cosas que voy a compartir:

Los hijos de Isacar no eran fuertes en ejército, ni diestros con la mano ni la espada. El poder de los hijos de Isacar estaba en que podían discernir el tiempo, la temporada para subir o no a la guerra. Esta era una de las tribus más pequeñas. Sin embargo, todo Israel escuchaba a los hijos de Isacar porque eran entendidos en los tiempos. Nosotros, los siervos de Dios, los cristianos, también debemos ser entendidos en el tiempo que estamos viviendo.

¿Por qué traigo esta reflexión? Hay muchas personas insensatas que no captan el tiempo y no acatan el consejo de las autoridades. Hay personas que no les importa lo que las autoridades están diciendo o lo que el tiempo nos está advirtiendo; y quieren comportarse como si fuera una vida normal, natural, y no lo es. El tiempo que se advierte en Proverbios 22:13 dice que: «*El avisado ve el mal y se esconde*». Es tiempo de esconderse.

Lo segundo que quiero compartirte es que: «Hay tiempo para salir, pero hay tiempo de esconderse».

Cuando llega un juicio o una catástrofe como la que estamos viviendo, y Dios o las autoridades nos aconsejan permanecer en casa, lo más sabio sería obedecer.

Cuando la mortandad llegó a Egipto, el ángel de la muerte pasó y murieron todos los primogénitos de Egipto, aquellos que no tenían pintados los dinteles de sus casas con la sangre del cordero, y donde no lo habían comido de acuerdo a las indicaciones que Dios les había dado. Allí entró la mortandad y murieron los primogénitos.

Pero ¿cuál fue la orden de Dios para Israel? Ellos debían quedarse en sus casas y obedecer las instrucciones que habían sido dadas por Dios.

Mantente en casa

Mi amigo, de acuerdo al tiempo que estamos viviendo al momento que estoy escribiendo este libro, te aconsejo que te mantengas en tu casa de acuerdo a las indicaciones que ha dado Dios y las autoridades entendidas en el tema.

Es tiempo de esconderse y esperar a que pase esta mortandad. ¿Por qué? Porque de una forma u otra, Dios tiene el control de cada cosa que está aconteciendo. Israel fue salvo, no solo por el cordero, no solo por la sangre, sino por la obediencia de haberse quedado en la casa esperando a que la mortandad pasara.

La viuda de Sarepta recibió el milagro en su casa. Aquella viuda a la que Eliseo le dio la palabra profética para multiplicar el aceite, el milagro sucedió en su casa. Es tiempo de mantenerte en casa. Allí estarás a salvo, en casa estarás protegido. Así que te pido que, al leer estas líneas, desde cualquier parte del mundo, te mantengas en casa, orando, buscando a Dios, compartiendo con tu familia, leyendo, estudiando, descansando, pero en casa, hasta que las autoridades de tu ciudad o tu país te den las indicaciones para volver a la normalidad.

Sé que para muchos es difícil, no tienen la provisión que necesitan y tienen la necesidad de salir a buscar el sustento, pero por favor, de ser posible, trata de no salir. Pídele ayuda a Dios para que supla lo que necesitas, para que esta pandemia no se propague ni extienda más.

> «Mantente en casa».

Durante los inicios de la pandemia mundial del 2020, mucha gente ha muerto, varios de ellos como resultado de no haberse mantenido en sus casas. El virus se extendió porque la gente salió a las calles. Está comprobado históricamente por los países que tuvieron este virus primero que, en Norteamérica, pudieron detenerlo al haber mantenido a la gente en su casa. Ya Dios le dijo a Israel hace miles de años: «Mantente en casa, y la mortandad que está afuera no entrará a tu casa».

Leí un letrero en Kansas que decía: «Mantente a salvo en casa. Mantén protegida a tu familia manteniéndote en casa. Ayúdanos a detener la pandemia manteniéndote en casa». Tomo estas palabras y le añado algo bíblico:

> «Mantente en casa, y el aceite se va a multiplicar. Mantente en casa, y la harina se va a multiplicar. Mantente en casa y la mortandad que está afuera no va a entrar a tu casa».

Esta palabra es un consejo desde mi corazón. Agradezco a Dios por esta palabra que me dio para ti. Te invito a que continúes leyendo el texto correspondiente a cada día para que recibas una palabra fresca del Espíritu Santo de Dios.

Comenzar el día con Dios es lo mejor.

DÍA 20
La duda y el doble ánimo

«Pero pida con fe, no dudando nada; porque el que duda es semejante a la onda del mar, que es arrastrada por el viento y echada de una parte a otra. No piense, pues, quien tal haga, que recibirá cosa alguna del Señor. El hombre de doble ánimo es inconstante en todos sus caminos» (Santiago 1:6-8).

Bendiciones para ti y tu familia. Que la paz y el amor de Dios estén contigo en cada actividad que realices en este día.

El texto de Santiago dice lo siguiente: *«El hombre de doble ánimo es inconstante en todos sus caminos»*, pero antes de mencionar el doble ánimo, habla de lo importante de ser hombres y mujeres de fe: *«Pero pida con fe, no dudando nada»*.

La duda

Santiago nos da a entender que, cuando nos acercamos a Dios y le pedimos algo, no podemos permitir que la duda se introduzca en nuestro corazón. Santiago también nos dice que, cuando alguien vive con duda, es *como la onda del mar*, cualquier viento recio la mueve.

Las personas que viven con duda en su vida, van de aquí para allá y de allá para acá, nunca hay firmeza en su corazón. Así que, en esta mañana, lo primero que tienes que pedirle a Dios es que arranque la duda de ti. Debes hoy proponerte a sacar toda duda de tu corazón y todo aquello que te está robando la bendición de Dios. Esa duda ha impedido que crezcas espiritualmente o que alcances el sueño de Dios en ti.

> **«En el nombre de Jesús, oro para que esa duda se vaya de tu corazón, y que toda incredulidad sea arrancada de tu vida».**

Consecuencias de la duda

El apóstol Santiago continúa diciendo que quien vive en duda sufre una consecuencia terrible: *«No piense, pues, quién tal haga, que recibirá cosa alguna del Señor»*. Es imposible, dice Santiago, recibir algo de Dios si hay duda. Es imposible crecer espiritualmente si hay duda, es imposible que la empresa avance si hay duda. Agrega*: «No piense, pues, quien tal haga, que recibirá cosa alguna del Señor»*.

Podemos entender que la duda es una de las causas por las cuales muchos, hoy en día, no han recibido lo prometido, no tienen lo deseado o no viven la vida que quieren.

> «La duda te va a desconectar del poder de Dios y te va a conectar a los sentidos y a la lógica».

Mientras Pedro se enfocaba en el Maestro, él estuvo flotando sobre las aguas. Pero cuando miró los vientos y entró la duda en su corazón, comenzó a hundirse. La duda te va a hundir en la lógica, en la depresión, en la tristeza, en la pobreza, en la soledad; pero la fe te hará flotar, trascender, ir a niveles donde Dios quiere que tú estés.

La fe

Dios te guio a leer este mensaje para aumentar tu fe, porque solo a través de ella puedes conectarte con la promesa, con la Palabra de Dios. La Biblia dice: «*Pero sin fe es imposible agradar a Dios; porque es necesario que el que se acerca a Dios crea que le hay, y que es galardonador de los que le buscan*» (Hebreos 11:6). No hay forma de acceder a ningún don de Dios con duda.

La fe nos ayuda a conectarnos con todo lo sobrenatural de Dios. Entonces, Santiago dice: «No creas que con un corazón dudoso vas a recibir algo».

> «La mano de Dios no se extiende donde hay duda, pero se extiende con libertad donde hay un corazón que le cree».

Amado lector, ¿crees que Dios puede hacer algo contigo hoy? ¿Crees que hay sanidad para tu vida hoy? ¿Crees que una unción fresca caerá hoy sobre ti?

Doble ánimo

Santiago también nos habla del hombre de doble ánimo. Esa persona que vive constantemente en duda, que no sabe en qué creer, cree una cosa hoy y en otra mañana.

El doble ánimo se refleja en una persona que es inconstante en todos sus caminos, inestable por naturaleza. En esa condición no puede agradar a Dios. Es una persona arrastrada en dirección opuesta con la mente y la voluntad dividida. Su lealtad está dividida por falta de sinceridad y está llena de incredulidad. El hombre de doble ánimo es semejante a las olas del mar: hoy sube y mañana baja.

Consecuencias del doble ánimo

¿Cuál es el peligro de vivir una vida en doble ánimo? La persona de doble ánimo nunca alcanzará sus sueños en la vida, jamás logrará agradar a Dios. Este es el enemigo que la gente no ve pero que es uno de los mayores causantes de que no tengas lo que deberías tener.

El doble ánimo es el causante de que miles de personas estén viviendo una vida para lo cual no fueron diseñadas, que estén donde no quieren estar. El doble ánimo te llevará a ser inestable espiritualmente. Cuando eres una persona de doble ánimo, no solo eres inconstante en todo lo que haces, sino que eres inestable espiritualmente. Pero hoy se le va a acabar el juego al diablo en tu vida.

> «Hoy vas a tomar una decisión, y que a partir de allí nadie te hará volver atrás».

No naciste para vivir en inconstancia e inestabilidad espiritual, naciste para emprender y llegar, para comenzar y terminar. Estás corriendo una carrera y tu final es el propósito cumplido de Dios en tu vida.

Agradezco a Dios por esta palabra de desafío y crecimiento para ti. Te invito a que continúes leyendo este libro cada día para que recibas la palabra fresca que te transmito de parte del Espíritu Santo de Dios.

Comenzar el día con Dios es lo mejor.

DÍA 21
Nada ni nadie te detendrá

«Entonces vinieron unos judíos de Antioquía y de Iconio, que persuadieron a la multitud, y habiendo apedreado a Pablo, le arrastraron fuera de la ciudad, pensando que estaba muerto. Pero rodeándole los discípulos, se levantó y entró en la ciudad; y al día siguiente salió con Bernabé para Derbe. Y después de anunciar el evangelio a aquella ciudad y de hacer muchos discípulos, volvieron a Listra, a Iconio y a Antioquía» (Hechos 14:19-21).

Bendiciones en este día. Bienvenido a esta palabra que recibí del Espíritu Santo de Dios para ti hoy. Espero que, al leerla, seas indetenible para lograr aquello para lo cual Dios te ha enviado.

De acuerdo con el relato de las Escrituras, Pablo recibió una gran golpiza de parte de unos judíos de Antioquía y de Iconio, al punto tal que parecía estar muerto, y lo sacaron arrastrando fuera de la ciudad.

La Biblia relata que unos judíos de Antioquía persuadieron a la multitud a apedrear a Pablo hasta dejarlo aparentemente sin vida. Alguien puede darte una pedrada, y lastimarte, pero en el caso de Pablo debe haber recibido muchas piedras y haber sido duramente golpeado, hasta dejarlo desmayado, y hubo que sacarlo arrastrando fuera de la ciudad.

Una vez que ya estaba fuera de la ciudad, los discípulos lo rodearon porque Pablo estaba inconsciente y muy lastimado. Lo ayudaron a levantarse y luego de descansar, al día siguiente salió con Bernabé para Derbe.

Pero ¿cuál fue la reacción de Pablo ante la situación que acababa de vivir? Imagino a Pablo diciendo: «No, no, no, mi cuerpo no puede detenerme. Las heridas del ayer no pueden detener la gloria del mensaje de hoy. Lo que viví ayer no puede detener lo que puedo hacer hoy. ¡Vámonos Bernabé!».

La respuesta de Pablo frente a la adversidad, no fue quedarse llorando ni quejándose. La reacción de Pablo fue seguir predicando, aunque lo hayan golpeado. Seguir accionando, aunque lo hayan lastimado.

No te detengas

¿Cuál será tu respuesta cuando te golpeen? He visto a muchos hombres de Dios maldecir a quienes lo maldijeron. Vi a otros sentarse y frustrarse porque una gran multitud no cree en su mensaje. Otros han dejado de adorar porque hay unos pocos en la iglesia que los critican.

La respuesta de ellos es detenerse frente a la frustración que están viviendo. Pero Pablo era indetenible. Nadie podía detenerlo. Lo golpeaban, lo maldecían, lo pisoteaban, lo escupían, y Pablo se levantaba y decía: «Bernabé, ¿Dónde queda tal ciudad? Vamos a levantar iglesias allá».

Dios está buscando cristianos como Pablo, que nada los detenga ni los aplausos ni los rechazos ni la persecución, sino que se centren en hacer aquello para lo cual Dios los ha enviado.

¿Cuál será tu respuesta?

Mientras Pablo estaba predicando, de pronto, cuando iba a la oración, lo siguió por muchos días una muchacha que tenía espíritu de adivinación y mientras caminaba gritaba: «*Estos hombres son siervos del Dios Altísimo, quienes os anuncian el camino de salvación*» (Hechos 16:17). Esto desagradó a Pablo, quien se volteó y le dijo al espíritu que estaba en ella: «*Te mando en el nombre de Jesucristo, que salgas de ella. Y salió en aquella misma hora*» (v.18). Y el espíritu de adivinación salió. Los dueños de la mujer, a quienes ella les generaba mucha ganancia, se levantaron contra Pablo y lo acusaron, porque el espíritu no podía regresar más y la muchacha ya no podía generarles dividendos. Entonces, los amos de esta muchacha llevaron a Pablo ante las autoridades, rasgaron sus ropas y lo azotaron nuevamente. Y nosotros nos quejamos de que hay algunos que hablan mal de nosotros.

Luego de volver a azotarlo hasta hacerlo sangrar, lo encarcelaron. Pero él entendió lo siguiente: «Yo tengo la marca de Cristo en mi cuerpo»; y siguió adelante. Aunque estaba golpeado, lo encerraron en lo más profundo de una cárcel. Estaba encadenado, encarcelado y golpeado. ¿Y cuál fue la respuesta de Pablo? La adoración. «*Pero a medianoche, orando Pablo y Silas, cantaban himnos a Dios; y los presos los oían*» (v.25).

La adoración no se puede acondicionar a la situación

La generación actual, para entonar alabanzas al Señor, necesita un pianista, un cantante con un micrófono, músicos estelares, técnicos, luces y un grupo de intercesión para sentir y adorar. En la actualidad: «*Si viene una cantante a la iglesia, trae al pianista, contratan un buen equipo de sonido, y recién entones, pueden adorar*».

Pero Pablo, mientras botaba sangre, cantaba: «En su trono está. Digno es el Señor. En su trono está. Hoy te coronamos rey». Hoy Dios te dice: «No importa cuál sea la situación en la que estés, adórame, porque yo sigo siendo tu Dios».

Los azotes que le propinaron a Pablo afectaron su oído y le dejaron un zumbido. Los treinta y nueve azotes que le dieron le arrancaron pedazos de carne (uno menos que al Maestro), pero él se sentía orgulloso de eso.

Si el apóstol Pablo viviera hoy entre nosotros y estuviera atravesando un momento difícil como el rompimiento en una relación, el haberlo echado de un trabajo, la muerte de un familiar, el rechazo de los papeles de residencia o el choque de su carro, su respuesta hubiera sido la siguiente: «*En su trono está. Hoy te coronamos rey. Reinas con poder, Altísimo Señor. Jesús, hijo de Dios. El amado del cielo, en la cruz murió. Digno es el Señor*». Hubiera entonado una alabanza. Esa era la respuesta de Pablo, una adoración a Dios: «*Estoy sangrando, pero adoro. Me duele, pero canto al Dios vivo*».

¿En qué cabeza humana cabe que, frente a lo que estoy viviendo, mi respuesta es cantar: «Mi corazón entona la canción»? ¿Cómo es posible? Pero el desafío que nos deja Pablo es: ¿Cómo vas a responder frente a las golpizas? ¿Cómo vas a responder frente a las acusaciones? ¿Qué vas a hacer cuando lastimen tu cuerpo con piedras, palabras, murmuraciones y calumnias? ¿Cómo vas a responder frente a los ataques de los demás? ¿Cuál es tu respuesta? ¿Quejarte? ¿Acusar a Dios por permitirlo? O dirás: «Señor, mi Dios, estoy encadenado, pero al contemplar los cielos, ¡Estoy alabando!».

> **«La forma en que respondas, marcará la diferencia entre tú y aquellos que se rinden en sus procesos».**

Es sencillo adorar cuando sentimos una atmósfera de paz, cuando estamos al lado de esa gente que adora bonito. Pero, en qué ambiente se encontraba Pablo al momento de adorar. Él no tenía un buen ambiente, **Pablo lo creó a través de la adoración.**

A partir de ahora, ¿cuál será tu respuesta frente a momentos difíciles?

Deseo que comiences tu día con alabanzas a Dios a pesar de tus dificultades. ¡Que Dios te bendiga!

Comenzar el día con Dios es lo mejor.

DÍA 22

Personas conflictivas

«Seis cosas aborrece Jehová, y aun siete abomina su alma: Los ojos altivos, la lengua mentirosa, las manos derramadoras de sangre inocente, el corazón que maquina pensamientos inicuos, los pies presurosos para correr al mal, el testigo falso que habla mentiras, y el que siembra discordia entre hermanos» (Proverbios 6:16-19).

Bienvenido a esta palabra que recibí del Espíritu Santo para el día de hoy. El texto del libro de Proverbios nos alerta en el versículo 19, que Dios aborrece a las personas que siembran discordia entre hermanos y a las conflictivas. También más adelante agrega: *«El hombre perverso levanta contienda y el chismoso aparta a los mejores amigos»* (Proverbios 16:28).

Estas palabras me recuerdan la historia bíblica de la rebelión de Coré, relatada en el libro de Números.

«Coré hijo de Izhar, hijo de Coat, hijo de Leví, y Datán y Abiram hijos de Eliab, y On hijo de Pelet, de los hijos de Rubén, tomaron gente, y se levantaron contra Moisés con doscientos cincuenta varones de los hijos de Israel, prín-

cipes de la congregación, de los del consejo, varones de renombre. Y se juntaron contra Moisés y Aarón y les dijeron: ¡Basta ya de vosotros! Porque toda la congregación, todos ellos son santos, y en medio de ellos está Jehová; ¿por qué, pues, os levantáis vosotros sobre la congregación de Jehová?» (Números 16:1-3).

Tres hombres maliciosos se juntaron contra Moisés y Aarón y les dijeron: «¡Basta ya de vosotros! Porque todos en la congregación son santos y en medio de ellos está Jehová. ¿Por qué, pues, os levantáis vosotros sobre la congregación de Jehová?».

Coré, Datán y Abiram buscaron personas con influencia en el pueblo, eran doscientos cincuenta príncipes, parte del consejo de renombre a quienes Israel escuchaba, para que produjeran división y se levantaran en contra de Moisés.

Ellos pensaban que la cantidad de personas iba a prevalecer sobre el llamado. El hecho de tener personas que los defendieran y apoyaran, los haría conquistar una posición que Dios no les había otorgado. Moisés entendió la gravedad de lo que estaba ocurriendo, porque sabía que esta rebelión no era contra él, sino contra el que lo ungió y lo llamó.

La Escritura dice que Moisés se inclinó y se humilló, porque sabía que lo que Coré, Datán y Abiram estaban haciendo era una conspiración contra el propósito y la voluntad de Dios. Ellos se estaban levantando en contra de dos hombres que Dios había determinado poner al frente, que les había confiado el talento, la gracia y el don, que los había llamado y enviado.

Todo el que se levanta en contra de una persona enviada por Dios, jamás tendrá paz, porque ir en contra de aquel en quien Dios puso su dedo, lo ungió y le confió un llamado, es levantarse en contra de la autoridad misma de Dios. Estamos diciendo: «Dios te equivocaste, elegiste a la persona incorrecta». Pero sabemos que Dios es perfecto en todo lo que emprende, en todo lo que hace.

Cuando Moisés vio la imprudencia de estos tres hombres, entendió que no debía pelear con ellos cara a cara, ni palabra contra palabra, porque no tenía necesidad de defenderse frente a ellos. Él estaba seguro quién lo había llamado, de que su posición no fue por su propia inspiración, sino por inspiración de Dios.

No defiendas tu llamado

Cuando alguien quiere cuestionar tu asignación o tu llamado, no te defiendas. Ni siquiera tomes en cuenta a aquel que cuestiona el llamado de Dios en tu vida.

Cuando Moisés fue enfrentado por estos hombres, dijo: «*Mañana mostrará Jehová quién es suyo, y quién es santo, y hará que se acerque a él; al que él escogiere, él lo acercará a sí*» (v.5), y agregó: «*En esto conoceréis que Jehová me ha enviado para que hiciese todas estas cosas, y que no las hice de mi propia voluntad*» (v.28).

Moisés no los confrontó ni se defendió en mostrar su llamado. Hoy en día, hay muchos cristianos defendiendo su vida y su llamado, pero quienes deben defenderlo son las señales y las evidencias que los acompañan.

> «No defiendas tu llamado.
> Deja que Dios hable por ti».

Coré, el conspirador, tuvo el poder de convencimiento negativo para conseguir el apoyo de personas influyentes contra dos hombres de Dios como Moisés y Aarón. El mundo puede ceder más ante lo negativo que ante lo positivo. Puedes pasar cuarenta años haciendo el bien, pero con un solo error que cometas, más la influencia negativa de alguien como Coré, destruirán tu llamado, se olvidarán lo que hiciste y se pondrán contra ti.

¿Cómo podemos identificar a una persona conflictiva?

Existen varias señales que nos ayudarán a identificar fácilmente cuando una persona tiene el espíritu conflictivo de Coré. A los cristianos conflictivos que les encanta levantar contienda y dividir grupos, los animo a que se arrepientan y cambien su actitud, porque todavía hay esperanza para ustedes.

Las señales que nos ayudan a identificar a las personas conflictivas son:

1. Todo lo que habla es con intención de crear conflicto en la gente.

Coré quería dividir a los hombres de Dios. Su mensaje trataba de confundir a un pueblo fiel a Dios y a un hombre a quien Dios había puesto como cabeza.

En la actualidad, hay muchos cristianos con ese mismo espíritu conflictivo de crear controversia en grupos y separarlos. Por ejemplo, crean polémicas con sus pastores y sus superiores. Este es el rasgo distintivo típico de las personas conflictivas.

2. Su carácter se revela cuando es confrontado.

Normalmente, la persona conflictiva es muy pacífica, pero cuando la reprendes revela su verdadero carácter. El libro de Proverbios dice: «*No reprendas al escarnecedor para que no te aborrezca*» *(9:8)*. Cuando reprendes al conflictivo, termina aborreciéndote, odiándote y tiende a perseguirte porque lo corregiste. También el libro de Proverbios dice en el mismo verso: «*Corrige al sabio y te amará*».

Toda persona que es corregida con sabiduría terminará amando a aquel que lo corrigió, porque sabe que quiere lo bueno para él, quiere verlo crecer.

Puedes tener éxito en casi cualquier cosa que emprendas, excepto en el trato con una persona contenciosa, porque es necia y siempre trata de llevar la contraria.

3. Se mete donde no lo llaman.

La Biblia dice que: «*El que pasando se deja llevar de la ira en pleito ajeno, es como el que toma el perro por las orejas*» (Proverbios 26:17).

Los conflictivos son entrometidos. Si no han sido invitados a la fiesta, aparecen igual. Nadie los llamó, pero tomaron el video, hicieron el comentario y comenzaron a divulgarlo y a compartirlo, cuando en realidad no tiene nada que ver con ellos. El que se deja llevar por la ira es como el que agarra a un perro por las orejas, seguramente lo va a morder.

4. El conflictivo disfruta del debate, de la disputa y se opone a cualquier cosa que se diga.

A las personas conflictivas como Coré, les encanta disfrutar de los debates. Siempre andan buscando problemas, comentarios malsanos, críticas de las redes para luego transmitirlos.

La persona conflictiva no visita Facebook o YouTube para alimentarse espiritualmente sino para saber quién está en problemas, quién ha cometido un error o a quién está atacando. Entonces, ellos mismos preparan un video y lo promueven. Luego les dan seguimiento a los problemas de los demás.

5. Siempre busca una razón para estar en desacuerdo.

El conflictivo siempre ignora cualquier punto de acuerdo. Nunca quiere buscar un punto de acuerdo porque está ligado a un espíritu de conflicto y de contienda. No puede ver la oportunidad de la reconciliación.

Ese tipo de personas jamás disfrutan de la Presencia de Dios. Es imposible que, siendo una persona conflictiva, se arrodille y diga: «Espíritu Santo, te amo». No va a sentir Su Presencia, porque Dios no es injusto.

Moisés llamó a Coré para hablar, también llamó a sus dos compañeros y le dijeron: «No subiremos. ¿Quién eres tú? Nos sacaste de la tierra donde había leche. ¿Y ahora quieres traernos aquí y nos vas a dejar morir? No hablaremos contigo».

6. El punto de conflicto es la plataforma desde donde Satanás lanza su obra de maldad.

La persona conflictiva crea una atmósfera necesaria para que el diablo actúe y haga su obra. Donde hay pleitos, discordia, intrigas, solo se pueden crear obras de maldad y perversión. Allí se crea confusión, malentendidos y resentimientos que conducen al odio, a las malas intenciones y a las acciones perversas.

«Porque donde hay celo y contienda, allí hay perturbación y toda obra perversa» (Santiago 3:16).

El Espíritu Santo no está en reuniones de contienda y de división donde se maquina cómo derribar a una mujer o a un hombre de Dios. Quizás no estés de acuerdo con mi devocional, pero no fui asignado a gustarle a todo el mundo, por eso no espero que todo el mundo entienda o acepte lo que estoy diciendo.

7. El conflictivo tiene el hábito el chisme.

El chisme es una de las armas más utilizadas por el enemigo para dividir al pueblo de Dios. Donde hay celo y contienda, allí hay perturbación y toda obra perversa.

Amado lector, si eres una persona conflictiva, tienes que dejar el conflicto, la malicia, la contienda entre hermanos. La Palabra dice:

«Y la lengua es un fuego, un mundo de maldad. La lengua está puesta entre nuestros miembros, y contamina todo el cuerpo, e inflama la rueda de la creación, y ella misma es inflamada por el infierno» (Santiago 3:6).

Si tienes que corregir algo en tu vida, hazlo de una vez, pero no pierdas tiempo. Dios y tú tienen un plan en esta tierra, y Satanás hará cualquier cosa para evitar que cumplas el propósito que Dios ha determinado para ti.

8. La gente conflictiva, a menudo, sabotea la obra de Dios.

Escuché el testimonio del pastor Barranco que contaba que en el año setenta y seis, Dios comenzó a manifestarse con una unción especial que, al orar, la gente se caía al suelo. Un día, el pastor fue a predicar a una iglesia y muchos hermanos fueron con piedras y palos para castigar al pastor y sacarlo de la iglesia porque decían que era el anticristo. Esto surgía cuando oraba, y la gente se caía. Pero cuando Jesús dijo: «Yo soy», Judas y los soldados que iban a prenderlo, cayeron al suelo.

> «El conflictivo, como Coré, a menudo quiere sabotear la obra de Dios».

Agradezco al Espíritu Santo por esta palabra fresca que me ha dado para ti hoy. Gracias por dedicar tiempo para leerla. Espero que sea de gran bendición y reflexión para ti.

Comenzar el día con Dios es lo mejor.

DÍA 23
Que no te duerma Dalila

«Viendo Dalila que él le había descubierto todo su corazón, envió a llamar a los principales de los filisteos, diciendo: Venid esta vez, porque él me ha descubierto todo su corazón. Y los principales de los filisteos vinieron a ella, trayendo en su mano el dinero. Y ella hizo que él se durmiese sobre sus rodillas, y llamó a un hombre, quien le rapó las siete guedejas de su cabeza; y ella comenzó a afligirlo, pues su fuerza se apartó de él» (Jueces 16:18-19).

Bendiciones para ti en este día. La lectura de hoy nos invita a conservar la sensibilidad ante la Presencia de Dios, y a no apartarnos de Sus cosas. Cuando Dios llega, todos lo saben porque hay manifestaciones de Su Presencia; pero cuando se va, casi nadie lo percibe.

Sansón no supo que Dios se había apartado de su vida. Él había perdido la sensibilidad, se había convertido en insensible al toque de Dios, a la Presencia de Dios. Llegó a un punto donde su corazón se endureció tanto y su vida se hizo tan rígida espiritualmente, que ya no pudo saber que Dios no estaba con él.

Sansón comenzó a perder la sensibilidad al toque de Dios desde que comenzó a enamorarse de las cosas que Dios creó, en lugar de enamorarse del Creador. A veces, cuando leo esta historia, veo que lentamente muchos comienzan a enamorarse de las cosas que produce la mano de Dios en vez de enamorarse del Dios que las produce.

Invertimos tiempo en la vida que queremos vivir, en lugar de invertir tiempo en la vida que Dios quiere que vivamos. Pasamos más tiempo en el juego de fútbol que en Su Presencia, más tiempo en la televisión que leyendo las Escrituras. Comenzamos a relacionarnos más con la gente que con el Dios que creó a la gente. Nos humanizamos al punto de creer que el pecado ya no es pecado. Ya no nos duele pecar porque nuestra mente se ha cauterizado y ha llegado a creer que nada es nada. Ese fue el síntoma que comenzó a sentir Sansón, se durmió en las piernas de Dalila.

¡Cómo me hubiese gustado que estuviera alguien ahí y despertara a Sansón! Pero, lamentablemente, nadie llegó en su socorro, nadie despertó a Sansón.

Tú no tienes que repetir esa historia. Dios está contigo hoy, y si te digo esto es porque si te estás durmiendo, debes despertarte para no perder el propósito de Dios para tu vida.

> «En el nombre de Jesús, reprendo y cancelo todo sueño que va a provocar tu muerte espiritual».

Dalila no te va a dormir

El espíritu de Dalila se va de tu vida, se va de tu casa. Dalila no te va a adormecer. Dios te mantendrá despierto.

Dalila es un espíritu. No te saca los ojos, tampoco te corta el cabello. No es «aparentemente» una enemiga. Su trabajo es dormirte y desenfocarte. El peligro más grande de un cristiano no es cuando el diablo lo ataca directamente, sino cuando indirectamente comienza a relacionarlo con gente que le quita la sensibilidad hacia la Presencia de Dios y su Palabra. Cuando comienza a relacionarlo con personas cuyos consejos, poco a poco, van matando su vida espiritual, hasta que van a la iglesia y ya no sienten nada.

No pierdas la sensibilidad a Su Presencia

Lo primero que el diablo hace es tratar de quitarte la sensibilidad al Espíritu Santo. Luego comienza a decirte: «Tú no sientes nada, Dios no te ama. ¿Para qué estás aquí?». Y terminas en el mundo con un final que Dios nunca trazó para ti.

> «Oro que toda insensibilidad hacia la Presencia de Dios en tu vida sea quitada. Y declaro sobre ti la sensibilidad de Dios a Su Presencia».

Cuando eres insensible a Su Presencia, te pasa como a aquellos que iban de camino a Emaús, que no reconocieron que era Cristo el que estaba con ellos. Cristo hablaba y ellos no lo reconocían. Sus ojos estaban cegados hasta que Jesús los abrió y pudieron verlo y supieron que habían caminado con Él.

Si antes de que Cristo les abriera los ojos a esos dos muchachos, les hubiéramos preguntado: «¿Caminó Cristo con ustedes?». Su respuesta hubiera sido: «No, era un forastero». Cristo siempre estuvo ahí, pero ellos no lo supieron ver. Como muchos que creen que están solos.

Él está con nosotros

¡No estás solo! La Palabra dice: «Yo estaré con ustedes». El Espíritu Santo está aquí, pero si no obedecemos, se puede ir, apartarse o dejar de manifestarse.

La insensibilidad, la ceguera de estos hombres, vino por los problemas y la confusión. No sabían si Cristo había resucitado o no, había muchos comentarios contradictorios y eso los llevó a cerrarse a las cosas del Espíritu Santo.

Dalila fue quien llevó a Sansón a perder su comunión y su sensibilidad al toque divino. Unirse a Dalila llevó a Sansón a tener un fin y un destino que Dios no había planeado para él.

Mantente vivo en la Presencia de Dios

No pases un día sin orar, sin hablar con Dios.

—¿Por qué no oraste hoy?, —pregunta el pastor.

—Pastor, no me alcanzó el tiempo. Tenía que ir temprano al trabajo, —respondiste.

—Está bien.

Llegó el siguiente día, y cuando el pastor volvió a preguntarte, dijiste:

—Pastor, otra vez no me alcanzó el tiempo.

Dos, tres días, y así sucesivamente... Y cuando te das cuenta ya pasaron tres meses sin orar.

Crees que estás fuerte, pero estás débil. Poco a poco dejas de percibir la Presencia de Dios. Lentamente la carne va ganando terreno, y tu espíritu se va durmiendo. Poco a poco Satanás va teniendo más influencia en ti, y Dios menos, porque estás cediendo. Pero si te levantas y oras a pesar de que estés cargado de sueño y cansancio, y dices: «Señor, no me acostaré sin decirte algo. No me levantaré sin decirte algo», por lo menos, lo estás intentando. Esos pocos minutos, veinte o treinta, que le estás dedicando, te mantendrán vivo en la Presencia de Dios.

Cuando dejas de buscar a Dios, eres como un Sansón, y te conviertes en insensible. Dios puede estar paseando por tu casa y no lo ves, no lo sientes, no lo percibes.

¿Cuántas veces has dejado de orar por una semana y después se te ha hecho difícil volver a comenzar? Sientes que la oración es aburrida y que no sabes cómo comenzar. Pasas treinta minutos pensando y no sabes cómo comenzar a orar, porque perdiste terreno. Ahora no encuentras el camino, y se te va a hacer difícil encontrarlo. Mi consejo es: Quédate ahí. Aunque no sientas nada, quédate ahí. Aunque no hables nada, quédate ahí. Tú no lo ves, pero sí está afectando tu vida, algo está cambiando por dentro, algo está pasando dentro de ti a tu favor. En la próxima sesión de oración, sentirás Su Presencia. En la siguiente, se abrirán tus ojos. En la próxima, se te abrirán tus oídos, y en la otra, comenzaras a fluir en visiones y sueños.

> «Oro en el nombre de Jesús para que todo sueño espiritual que te aleje de Dios sea quitado de tu vida».

Agradezco a Dios por esta palabra que me ha dado para ti. Te exhorto a que continúes buscando de dios cada día a través de la oración y la lectura de la Palabra quien te transmitirá verdades que el Espíritu Santo de Dios quiere entregarte.

Comenzar el día con Dios es lo mejor.

DÍA 24

Volvió a razonar

«Mas al fin del tiempo yo Nabucodonosor alcé mis ojos al cielo, y mi razón me fue devuelta; y bendije al Altísimo, y alabé y glorifiqué al que vive para siempre, cuyo dominio es sempiterno, y su reino por todas las edades. Todos los habitantes de la tierra son considerados como nada; y él hace según su voluntad en el ejército del cielo, y en los habitantes de la tierra, y no hay quien detenga su mano, y le diga: ¿Qué haces?» (Daniel 4:34-35).

Que la paz de Dios y la comunión del Espíritu de Dios sea contigo y con toda tu familia. La palabra de Dios que hoy recibirás te va a dimensionar, va a darte seguridad y paz, y va a hacer entender que Dios nos da toda gracia perfecta y todo don que desciende de lo alto.

Dios les da dones a los hombres. A quien Él quiere lo exalta, lo humilla, lo enriquece, lo empobrece o lo libera. En Él está el dominio de la vida. En Él está la existencia de todo lo que eres. Pero a veces pensamos que la casa y el auto que tenemos son fruto de nuestro trabajo, lo mismo que todo nuestro estilo de vida, y no sabemos que es la gracia de Dios la que nos da la fuerza, la inteligencia y la que nos pone en los lugares correctos en los momentos oportunos.

Es Dios

La Biblia dice que las cosas no son del que corre ni del que quiere, sino de aquel con quien Dios tiene misericordia. No se trata del que corre rápido, sino del que Dios quiere que gane la carrera. Él es quien da el poder, quien levanta, quien exalta y quien abre puertas. Es Dios en tu vida quien hace el trabajo para que todo te salga bien. ¡Es Dios!

«En la misma hora se cumplió la palabra sobre Nabucodonosor, y fue echado de entre los hombres; y comía hierba como los bueyes, y su cuerpo se mojaba con el rocío del cielo, hasta que su pelo creció como plumas de águila, y sus uñas como las de las aves» (Daniel 4:33).

Este mensaje es una advertencia de Dios diciéndote: «No pienses que las bendiciones que te he dado las has obtenido tú con tus propias fuerzas, porque todavía tengo mis vigilantes para mandarte a comer hierba». Es Dios quien está hablándote esta mañana.

De acuerdo a la historia, estaba Nabucodonosor tirado y olvidado. Los príncipes no querían estar cerca de él porque olía mal, la gente lo miraba y lo ignoraba. Todo el mundo se había olvidado de él por siete años; porque Dios dijo: «Lo voy a hacer pasar por el proceso, para que entienda de quién es la gloria».

Este capítulo bíblico no lo escribió Daniel. El mismo Nabucodonosor pidió que lo escribieran para contar su historia, y con arrepentimiento dijo: «Yo, Nabucodonosor, me conviene declarar la grandeza del Dios Todopoderoso». Y agrega: «Me conviene exaltar sus maravillas, porque a quien Él quiere quita, y a quién Él quiere pone».

La razón le fue devuelta

«*Mas al fin del tiempo yo Nabucodonosor alcé mis ojos al cielo, y mi razón me fue devuelta; y bendije al Altísimo, y alabé y glorifiqué al que vive para siempre, cuyo dominio es sempiterno, y su reino por todas las edades*» (Daniel 4:34).

Al cumplirse los siete años, Nabucodonosor alzó los ojos al cielo y dijo: «Señor, reconozco que Tú eres el grande, reconozco que lo que tengo y lo que soy es porque tú me lo has dado». Desde ese momento, Nabucodonosor fue restaurado. Regresó al trono, le cortaron el cabello, lo bañaron, lo vistieron con ropa real, y le devolvieron la gloria que tenía, el dominio y el respeto. Toda esta restauración vino luego de dos puntos esenciales:

1. Cuando *alzó sus ojos al cielo.*

En Salmo 121, David dijo: «*Alzaré mis ojos a los montes; ¿de dónde vendrá mi socorro?*» (v.1).

La restauración de tu vida, de tu matrimonio, de tu ministerio, no comienza llamando a mamá, a papá o al pastor. Se inicia **¡levantando tus ojos al cielo!**

> **«De los cielos viene tu socorro, tu ayuda y tu sustento».**

Desconozco la situación en la que estás viviendo. Tal vez no te encuentras como Nabucodonosor, comiendo hierba, pero estás viviendo tiempos tensos, difíciles en tu casa, en tu vida, en tu ministerio, en tu trabajo, y entonces te preguntas: ¿Cómo saldré de esto? ¿Cómo recuperaré lo que alguna vez tuve? ¿Cómo volveré a ver esa gloria?

Hoy Dios hoy te dice: «Alza tus ojos a mí, mira hacia los cielos». Él habita en los cielos, de los cielos, de los cielos. Su trono es el cielo.

Por lo tanto, si quieres ayuda, ¿a dónde debes mirar? ¿La CNN? ¿Al presidente? ¡No! Tus ojos deben mirar a Dios. La Biblia dice: *«Puestos los ojos en Jesús, el autor, el que crea y el consumidor de la fe»* (Hechos 12:2).

2. Dios **tocó su mente**.

«Yo, Nabucodonosor, alcé mis ojos al eterno; y cuando miré hacia el cielo, mi razonamiento volvió, dejé de pensar como animal y comencé a hacerlo como príncipe y rey».

Dios no tocó a Nabucodonosor y le puso dientes de caballo ni uñas de buey. Lo único que Dios le tocó, fue la mente: «Mente, dile que tú eres un animal», y comenzó a pensar como bestia. Y el que piensa como bestia, vive como bestia. El que piensa como pecador, vive como pecador. El que piensa como animal, se convierte en un animal. Por eso, lo que se restaura es el razonamiento. Nabucodonosor dijo: «Alcé mis ojos al cielo, y mi razón me fue devuelta» (V.34).

Que vuelva el razonamiento espiritual

Muchos cristianos han perdido el razonamiento espiritual. Se han olvidado de dónde los sacó Jehová. Nosotros no estábamos en el lodo, éramos el lodazal entero. Estábamos perdidos, rumbo al infierno, sin esperanza de vida. Nadie pagaba nada por nosotros, solo Cristo en la cruz del Calvario pagó el precio y nos sacó de las tinieblas a la luz.

Dios te sacó del lodazal, de las tinieblas y te puso nombre. Él pagó el precio por ti. Él te libertó en la cruz del Calvario. Lo que eres hoy no es gracias a ti mismo sino a Él. Lo que serás mañana, no es gracias a tu fuerza, sino gracias al precio que pagó por ti. Lo que tú tienes hoy es por la gracia y por la bendición de Dios. Si te llegas a olvidar de eso, comerás hierba como el caballo. Esa es tu esperanza, comer hierba, porque el único que exalta, es Dios.

> «Te tengo noticias: comerás hierba como caballo. Ese tiempo le llega a todo aquel que se pone soberbio y orgulloso delante del Dios Eterno».

Cuida tu vida, agradece a Dios y reconoce cada día de dónde viene la gracia sobre tu vida. Te invito a continuar mañana recibiendo esta palabra que te doy de parte del Espíritu Santo. Que tengas un buen día bajo la guía de Dios.

Comenzar el día con Dios es lo mejor.

DÍA 25
Su Palabra por encima de todo

«Cuando los leprosos llegaron a la entrada del campamento, entraron en una tienda y comieron y bebieron, y tomaron de allí plata y oro y vestidos, y fueron y lo escondieron; y vueltos, entraron en otra tienda, y de allí también tomaron, y fueron y lo escondieron. Luego se dijeron el uno al otro: No estamos haciendo bien. Hoy es día de buena nueva, y nosotros callamos; y si esperamos hasta el amanecer, nos alcanzará nuestra maldad. Vamos pues, ahora, entremos y demos la nueva en casa del rey» (2 Reyes 7:8-9).

¡Buenos días! Que en este día recibas palabra fresca de Dios para ti. Hoy recibirás un aprendizaje nuevo, diferente al de ayer. Si estás atravesando alguna circunstancia difícil, en el nombre de Jesús, recibas la guía de Dios para enfrentarla y superarla.

La lectura bíblica menciona a cuatro leprosos que fueron los promotores de las buenas nuevas. Cuatro individuos rechazados, apartados de la sociedad, llenos de lepra, considerados insignificantes, pero que Dios usó para llevar la manifestación de la profecía. Lo que un príncipe no creyó, un leproso lo cumplió. ¡Es impresionante!

La historia dice que los leprosos, cuando vieron toda aquella provisión, dijeron: «Comamos». Luego se vistieron y guardaron, pero uno le dijo al otro: «No está bien que nosotros nos quedemos solos con todo esto. Hay que dar las buenas nuevas a los demás». Entonces regresaron, y anunciaron al rey lo que había ocurrido. Al principio, el rey no podía creerlo, pero luego el pueblo se abalanzó hacia el campamento, miraron todo, recogieron el oro, el trigo y la plata. Todo lo que dijo el hombre de Dios, se cumplió.

Tu circunstancia es un plan de Dios

Siria era enemigo de Israel. Cuando no tienes revelación de tu proceso, comienzas a pensar que tu proceso es tu enemigo, no sabiendo que, muchas veces, la circunstancia que estás atravesando es el sistema que Dios está usando para cargar la provisión para tu vida.

El ejército sirio vino con una intención, pero Jehová tenía otra. Él terminó usándolos para que cargaran el oro, la plata, el trigo, la comida y la pusieran cerca de Israel o de Samaria.

Debemos aquietarnos en medio de la temporada en la que estamos y tener la visión espiritual para ver qué está cargando Dios a nuestro favor. Nos dejarnos influenciar por la realidad que quiere que olvidemos nuestra fe.

Todo el pueblo fue y llegó montado a caballo, en asno, en camello con alegría. El príncipe estaba a la puerta de la entrada de la ciudad, y era tanta la gente, que le pasaron por encima y aquel día el príncipe murió.

Las dos profecías fueron cumplidas: hubo comida, pero el príncipe la vio y no comió.

Un amén y un sí

Cómo es posible que un príncipe que conocía la historia de las hazañas del Dios de Israel, que sabía que Dios había usado a Moisés para abrir el mar Rojo, que de la peña había sacado agua, que del cielo había caído maná, se comportara con una actitud tan incrédula, tan negativa, frente a un hombre de Dios. Hacía años él lo había visto traer una victoria a Israel y sabía que era un profeta. Sin embargo, no creyó lo que el profeta dijo.

¿Por qué el príncipe solo vio, pero no comió? ¿Cómo es posible que cuatro leprosos pudieran disfrutar lo que un príncipe no disfrutó? ¿Cómo es posible que cuatro leprosos se pusieran ropas que un príncipe no logró usar?

Los cuatro leprosos se alimentaron, se enriquecieron, se vistieron de lino hermoso, y el príncipe no pudo acceder ni alcanzar la provisión y la bendición de Dios. ¿Cómo es posible que Dios prefiriera darles la oportunidad a cuatro leprosos bajo maldición de una enfermedad, antes que dársela a un príncipe? Por la misma razón que lo hace hoy: por la duda y la incredulidad.

«La duda no nos deja abrazar la promesa de Dios».

No podemos ser indiferentes ni negativos ante la Palabra de Dios. Debemos aprender a tener un amén y un sí a todo lo que el Dios Todopoderoso diga.

¿Cómo es posible que ese príncipe termine muerto cuando ese no debía ser su fin? No pudo comer lo que Dios proveyó y no pudo abrazar la promesa de Dios. Terminó pisado por la multitud. Esto le pasó por incrédulo. ¿Cuál fue el motivo principal que hizo que este príncipe no accionara de una forma adecuada frente al hombre de Dios y a Su unción? Sencillo: *su realidad fue más fuerte que su fe.*

Su realidad le gritaba que era imposible. Su realidad le decía: «Samaria está sitiada, nadie vendrá a ayudarnos. ¿De dónde vendrá comida? Este profeta está loco». Su realidad gobernó sus palabras y sus pensamientos, y terminó hablando de una forma incrédula, controlada por su realidad. Pero Dios ya había decretado lo que iba a suceder en veinticuatro horas.

La gente no sabe quién es Dios. Cree que es como el presidente de un país. Pero Él es el Rey de reyes, y Su palabra es un sí y un amén. Es una ley absoluta. Nadie puede impedir el cumplimiento de Dios.

Que la realidad no te robe la fe

La palabra que quiero darte el día de hoy es: No permitas que la realidad del momento te robe la esperanza y la fe en la promesa y el cumplimiento de Dios para tu vida. Lo que Dios dijo que iba a hacer contigo, lo hará por encima de la pandemia, de todo virus, de toda enfermedad, de toda mortandad. Lo de Dios en tu vida se cumplirá.

«Dios envía su palabra y esta no puede retornar vacía».

Agradecemos a Dios por esta palabra fresca para tu vida. Continúa mañana leyendo porque:

Comenzar el día con Dios es lo mejor.

DÍA 26
No dejes morir a Josué

«Pero murió Josué hijo de Nun, siervo de Jehová, siendo de ciento diez años. (...) Y toda aquella generación también fue reunida a sus padres. Y se levantó después de ellos otra generación que no conocía a Jehová, ni la obra que él había hecho por Israel. (...) Y se encendió contra Israel el furor de Jehová, el cual los entregó en manos de robadores que los despojaron, y los vendió en mano de sus enemigos de alrededor; y no pudieron ya hacer frente a sus enemigos» (Jueces 2:8, 10, 14).

Dios bendiga tu día, hoy y siempre.

Sé que hoy Dios trae una palabra fresca para tu corazón, y que cada día comenzarán a suceder cosas nuevas en tu vida según tu fe en lo que estás leyendo.

Mientras oraba para obtener la inspiración para este día, el Espíritu de Dios puso en mí una palabra que me martillaba, y se trata de cuando Juan dijo: *«separados de mí nada podéis hacer»* (Juan 15:5). Sin Jesús es imposible que ocurran las cosas. Esa es una enseñanza que no debemos dejar pasar si queremos tener una vida victoriosa, tanto en el área espiritual como en el área natural.

Si queremos criar a nuestros hijos en victoria, para que sean poderosos, tener un hogar feliz, que todo lo que necesitemos esté en la casa, que el Señor supla, y que haya bendición; no olvides lo que Jesús dijo: *«Separados de mí nada podéis hacer»*.

Muerte de Josué

¿Cuántos problemas tuvo Israel después de la muerte de Josué? ¿Cuántos niños murieron? ¡Qué fracaso! Luego de haber sido conquistadores de ciudades, cualquier ladroncito de patio les robaba y los mataba. Años atrás, los pueblos le temían. Cuando se mencionaba el nombre de Israel temblaban los reyes, pero después que dejaron a Jehová, ellos temblaban por los reyes.

Cuando dejamos de depender y de buscar a Dios, cuando mueren las cosas de Dios en nuestra vida, entonces comienzan a presentarse muchos problemas.

La Biblia estipula un antes y un después de la muerte de Josué. Presenta un Josué vivo repartiendo tierras, pero después de su muerte, presenta a un pueblo al que le es conquistada su tierra.

Después de que Josué murió, su generación, los ancianos y el pueblo en general, dejó a Dios, se olvidó de Él y se corrompió. Eso sucede cuando mueren las cosas de Dios en nuestra vida. Nuestra visión, nuestra pasión por Dios, nuestra fe, nuestra búsqueda, nuestro amor, mueren. Y el resultado serán hijos corrompidos, familias enamoradas de las cosas de este mundo. Cuando Josué muere en nuestra casa, tendremos hijas embarazadas antes de casarse, a los hombres buscando otras mujeres, a las madres mirando a otros hombres.

Josué representa la conexión divina, el servicio a Dios. La Biblia dice: «*Josué, siervo de Jehová*». La palabra «Josué» o «Yeshua», significa el Maestro, el Mesías, la Salvación.

En mi historia de hoy, Josué representa a alguien que depende de Dios y que dice: «¿Qué haré, Señor?». Y Dios le responde: «Esfuérzate y sé valiente». Josué representa a alguien que se esfuerza por hacer lo que Dios dice, que dependerá de Él para cada cosa, que consulta: «Señor, hay que conquistar Jericó, pero no sé cómo hacerlo»; y un ángel lo visita y le dice: «Yo estaré con ustedes».

> **«Cuando ese Josué muere en nuestra generación, perdemos la conexión con el Dios divino».**

Cuando dejamos que la fe muera en nuestra vida, terminaremos dudando de la Palabra y de las cosas de Dios, terminaremos siendo atormentados por espíritus. Cuando la santidad muere en nuestra vida, terminamos siendo corruptos, adúlteros, fornicarios, mentirosos y envidiosos.

> **«No dejemos que mueran los valores de Dios en nuestra vida, y te garantizo que mantendremos una generación conquistadora».**

Mantén vivo a Josué

Te desafío a que avives los sueños de Dios en tu vida, la visión de Dios, el amor, la paz y la fe. Aviva los dones del Espíritu Santo. No permitas que se muera el don de lenguas, de interpretar sueños que tienes. **«Avívate»**, dice Dios. Si tu Josué muere, tus hijos sufrirán las consecuencias. Si tu Josué muere, tus vecinos irán al infierno.

«¡Mantén a tu Josué vivo! ¡Mantén viva tu visión!»

Cuando se habla de estos temas, difícilmente escuchamos alabanzas; pero siempre hay gente que acepta lo de Dios dice y lo alaba, gente que, como Job, dice: «Aunque me mataren, en Él esperaré; porque es mejor ser reprendido por Dios que ser conquistado por los ladrones».

Es mejor ser reprendido por Dios que ver tu matrimonio destruido, que ver a tu hija en la calle. Te hablo a ti papá, mamá, líder. Si dejas que tu Josué se muera, te mueres tú también con él.

«Mantén la visión viva, mantén la fe viva, porque hay ciudades que conquistar».

¡Que la paz sea contigo! Dios te bendiga y que pases un día hermoso bajo la dirección del Espíritu Santo.

Comenzar el día con Dios es lo mejor.

DÍA 27
Muévete por la Palabra

«Entonces respondiendo el rey, dijo al varón de Dios: Te pido que ruegues ante la presencia de Jehová tu Dios, y ores por mí, para que mi mano me sea restaurada. Y el varón de Dios oró a Jehová, y la mano del rey se le restauró, y quedó como era antes» (1 Reyes 13:6).

¡Bienvenido amigo! Deseo que cada día que recibas esta palabra inspirada por Dios sea una bendición para tu jornada.

Al leer todo el capítulo 13 del libro de 1 de reyes encontramos una historia muy interesante. El hombre de Dios fue a Bet-el; y estando el rey Jeroboam junto al altar para quemar incienso, declaró varias cosas sobre la casa de David. Cuando el rey Jeroboam oyó esas palabras que había clamado contra el altar de Bet-el, extendió su mano desde el altar, dijo: «¡Prendedle!». Pero esa mano que había extendido se secó, y no pudo enderezarla más. Y luego ocurrió todo lo que el profeta había dicho que sucedería.

Cuando el rey Jeroboam vio la señal de que el altar de piedra se había roto y que la mano con la que había señalado al varón de Dios había quedado inmóvil, inmediatamente entendió que no estaba frente a un hombre común, sino aquel sobre el cual reposaba una visión de Dios y que contaba con su respaldo. Jeroboam actuó rápidamente y dijo: «Te pido que ruegues ante la presencia de Jehová tu Dios, y ores por mí, para que mi mano me sea restaurada» (v.6). Y el varón oró y Dios restauró su mano.

Entonces Jeroboam lo invitó a su casa: «*Ven conmigo a casa, y comerás, y yo te daré un presente*» (v.7). Pero el varón de Dios había recibido una instrucción clara y directa de parte de Dios de no comer en esa aldea, ni con el rey ni con el pueblo: «*Porque así me está ordenado por palabra de Jehová, diciendo: No comas pan, ni bebas agua, ni regreses por el camino que fueres*» (1 Reyes 13:9). El varón de Dios se le dijo al rey.

> **«Ese es un hombre de Dios comprometido con lo que se le ordena».**

Este varón de Dios que, por palabra de Jehová, descendió a Judá y Bet-el. Allí, en medio de estas dos ciudades vio cuando quemaban el incensario para sacrificar a los ídolos paganos que Jeroboam y los sacerdotes idólatras adoraban. Llegó exactamente a la hora en la que hacían el culto a dioses paganos y, por palabra de Jehová, estableció el orden de Dios, y les dio a entender a Jeroboam, a los sacerdotes y a toda la nación, que Dios estaba en desacuerdo con las actitudes que el rey Jeroboam había tomado.

Este profeta sin ejército, sin ayudantes, sin ujieres, sin servidores ni adoración, hizo temblar de parte de Dios a la nación.

¿Cuáles fueron las razones?

¿Cómo este hombre hizo que un rey malvado cayera de rodillas y reconociera que no se puede ir contra Dios? Este joven, al abrir su boca, dijo: «Esta es la señal que yo daré; el altar de piedra se va a romper y las cenizas se van a derramar. Y así ocurrió. Se rompió el altar, se derramaron las cenizas y el brazo del rey se paralizó.

¿Cómo este joven llegó a tener un poder tan sobrenatural? Si tú buscas toda la historia en la Biblia, no vas a encontrar a nadie con unas señales tan contundentes. ¿Cuál era su secreto? La Biblia expone dos claras razones:

1. Era un varón de Dios.

La Escritura registra que era un «varón de Dios», un joven que estaba apartado para Dios, separado para Él, le pertenecía y no servía en la tierra a nadie más que no fuera a Dios.

En los últimos días de mi vida he entendido que cuando Dios separa a un hombre para algo, este no puede mezclarse o dedicarse a otra cosas que no sea el llamado de Dios, tampoco mezclarse con personas que comienzan a humanizarlo y a naturalizarlo.

Muchas veces, los hombres y las mujeres de Dios somos solitarios, vivimos mucho tiempo a solas para poder mantener una distancia entre la gente común y la sobrenatural.

2. Actuaba «por palabra de Jehová».

Él no estaba allí, entre Bet-el y Judá porque él mismo tomó la iniciativa, porque estaba enojado contra Jeroboam porque adoraba a dioses paganos o porque se sentía celoso al ver cómo trataban el altar de Dios. Él estaba ahí porque en secreto se le había revelado Jehová y le había dicho: «Ve entre Bet-el y Judá, y esto es lo que harás. Te daré esta señal y voy a hacer estremecer a la nación».

> «Por palabra de Jehová él llegó a la escena».

La Escritura relata que tiempo después se levantaría un rey llamado Uzías que quemaría a los sacerdotes, destruiría la idolatría, limpiaría al pueblo de Dios, establecería el gobierno, el orden y el mandato de Jehová.

Este muchacho era un varón de Dios que caminaba bajo revelación de Dios. Él no estaba allí porque sí, Dios lo envió. Hay una gran diferencia cuando la gente se va de un lugar movida por las circunstancias o por la necesidad, a cuando se va obedeciendo lo que Dios le ha dicho: «Ve, porque yo estaré contigo».

Cuando en la Escritura dice: «Por palabra de Jehová», está diciendo: «No estoy aquí por mi cuenta, no me invité yo, no me envié yo; me envió la Palabra de Jehová». Cuando camines bajo la revelación de la Palabra de Jehová, a los leones se le caerán los dientes, los Judas saltarán solos, los Goliat se quedarán sin cabeza, pero el propósito de Dios se va a cumplir.

La gente dejará de apoyarte, pero tú no necesitarás su apoyo. Si tienes palabra de Jehová puedes emprender el desierto más solitario, que es cuestión de tiempo para que Jehová trasforme tu entorno y se cumpla lo que dijo que haría.

La palabra revelada incluye los recursos

Cuando la palabra de Jehová es revelada, dentro de esa revelación están los recursos necesarios que necesitas para cumplir el mandato que te fue revelado. Por ejemplo, si Jehová te dio palabra diciendo: «Cómprate una casa». Esa misma palabra trae las finanzas para que puedas adquirirla. Si la palabra de Jehová te dijo: «Ve al hospital a orar por un enfermo de cáncer». Esa misma palabra te dará la unción de sanidad para que el cáncer sea sano.

Las personas carecen de esta revelación en su vida porque están moviéndose de aquí para allá, emprendiendo negocios que no les fueron revelados. Tengo experiencia con eso, y finalmente uno termina perdiendo lo que tenía, por querer ganar lo que no le corresponde.

Jacob peleó con el ángel, no para demostrar que era más fuerte, sino porque necesitaba la palabra de Jehová para su vida. Cuando el ángel le dio la palabra, Jacob lo soltó.

La mujer cananea le gritó a Cristo hasta que Él le diera la palabra, y cuando se la dio, se levantó y se fue.

El centurión dijo: «Di la Palabra y mi casa se sanará, se organizará, mi matrimonio cambiará». Y así ocurrió. Si quieres ser un siervo ungido de Dios y moverte en el mundo sobrenatural, debes servir solo a Dios y moverte exclusivamente cuando tengas una palabra directa de Él.

Anhelo que la reflexión del día de hoy sea específica y clara para el momento que estás viviendo. ¡Que tengas un día glorioso y maravilloso!

Comenzar el día con Dios es lo mejor.

DÍA 28
Que la tormenta no te robe la esperanza

«Llevábamos ya mucho tiempo sin comer, así que Pablo se puso en medio de todos y dijo: «Señores, debían haber seguido mi consejo y no haber zarpado de Creta; así se habrían ahorrado este perjuicio y esta pérdida. Pero ahora los exhorto a cobrar ánimo, porque ninguno de ustedes perderá la vida; solo se perderá el barco» (Hechos 27:21-22 NVI).

Bendiciones amado lector. Cada día nos presenta un nuevo desafío. Es por eso que necesitas llenarte del Espíritu Santo a diario. La palabra de hoy te dará esperanza frente a las tormentas que pueden presentarse en tu vida.

A veces la tormenta destruye cosas que querías pero que, en verdad, no necesitabas. Por ejemplo, te quita amistades que pensabas que eran importantes, pero que en verdad están alejadas de Dios.

De acuerdo al texto de hoy, Pablo tuvo que atravesar una tormenta que llenó de temor a todos los tripulantes. Pero en un momento Pablo dijo: «*Anoche se me apareció un ángel del Dios a quien pertenezco y a quien sirvo, y me dijo: "No tengas miedo, Pablo. Tienes que comparecer ante el emperador; y Dios te ha concedido la vida de todos los que navegan contigo"*» (v.23-24).

Hay tormentas que terminarán con todo, menos contigo. Acabarán con cosas que por muchos años han sido obstáculos en tu crecimiento. En los últimos tiempos hemos sufrido embates de la naturaleza en varios países del Caribe, América Latina y algunas ciudades de Estados Unidos. Y cuando Dios permite este tipo de tormentas, es porque removerá cosas que no nos dejaban llegar a nuestro destino. Hay personas que, solo perdiendo, ganan. Hay otras que, solo muriendo, tienen vida.

¿Qué hubiese pasado si el asna del papá de Saúl no se hubiera perdido? Él nunca hubiera encontrado su propósito ni al profeta. De vez en cuando, Dios tiene que enviar el viento Euroclidón[2] a nuestra vida para remover cosas que no nos permiten buscarlo. Y es necesario que sople fuerte para llevarse todas las cosas viejas que les roban el espacio a las nuevas.

Tengan ánimo

Un general de Dios se levantó en medio de ese tiempo de tempestad tan difícil, donde no había estrellas, sol, no se veía la tierra, no había nadie que los ayudara, y entonces dijo: «*Así que ¡ánimo, señores! Confío en Dios que sucederá tal y como se me dijo*» (v.25).

---

[2] **EUROCLIDÓN.** Viento huracanado acompañado de lluvias borrascosas, muy común hasta hoy en el centro sur del Mediterráneo en la estación fresca.

> «En toda tormenta que Dios permite sople en tu vida, tendrás la asistencia de Dios y de sus ángeles».

¡Sí! En medio del caos, de esos momentos tan duros, habrá asistencia angelical.

> «No puedes permitir que la tormenta te robe la esperanza».

Pablo se levantó ignorando sus propios sentimientos. Podía haber sido acosado por el miedo, por el temor; porque como los otros doscientos hombres, él también estaba en el barco y la tormenta también lo estaba mareando a él. Probablemente él también estaba sintiendo que ya no había salvación, que estaba ahí tirado igual que ellos. Sin embargo, Pablo se levantó y les dijo: «Recobren ánimos».

¿Cómo es posible que Pablo se levantara cuando nadie tenía fuerzas y les diera ánimos? Eso es lo que diferencia a un cristiano verdadero, siempre traza una palabra de salvación cuando lo que hay es muerte.

Cuando un cristiano llega a un hogar y ve un matrimonio arruinado, no afirma lo que ya es evidente, sino que marca la diferencia al decir: «Veo un plan contigo, mujer, y con tu esposo. Esta tempestad va a pasar. Esta temporada va a terminar. Veo que en medio del caos ustedes estarán seguros. Veo la mano de Dios que se extiende sobre ustedes. Recobren ánimos. Reconcíliense, porque vienen buenos tiempos».

¿Dónde están los cristianos como Pablo que se levantan a darle ánimo a los países que parecen haber perdido la esperanza? Tú, levántate como un profeta, y diles a las naciones: «En medio de tu tormenta y tu terremoto hay un fuego de avivamiento».

> **«¡Recobren ánimo pastores, porque la gloria se acerca!»**

Cualquiera añade comentarios y opiniones acerca de lo que está pasando. Eso es normal. Lo diferente es que digas lo que dijo Pablo: «Cobren ánimos, que esta tormenta no va a terminar con nosotros».

Reanímate

No puedes permitir que la tormenta te desanime permanentemente. Pablo no se dejó influenciar por el desánimo de su compañero. Hay personas que copian fácilmente lo malo. Van a un sitio, se desacatan, y dicen: «Total, aquí nadie me vio». Hacen y deshacen porque tienen que parecerse a otro. Tú no tienes que parecerte a nadie más que a Jesucristo. No tienes que caerle bien a toda la gente. Tienes que ser lo que Dios quiere que seas, y nada más.

Pablo no se dejó influenciar por doscientas personas que lo acompañaban. La mayoría no siempre tiene la razón. En medio de toda esa gente sin esperanza, llena de temor, había un general de Dios.

Reanímate, restablece tus fuerzas, porque la tormenta que estás experimentando y que Dios permite en tu vida no es para destruirte sino para llevarse cosas viejas que han ocupado espacios que Su gloria quiere llenar.

Hace muchos años, cuando el ciclón George desbarató a la República Dominicana y a Puerto Rico, hizo estragos, pero también les hizo un favor a muchas familias. Levantó las viejas láminas de zinc de sus techos, llenas de hoyos, y después del ciclón, tuvieron techos nuevos. Muchas casas de madera y de zinc se las llevó. Con el tiempo, esa gente creyó y construyó casas de ladrillos. Algunas tormentas barren lo sucio, lo podrido, lo que ya no tiene utilidad y da espacio para reconstruir lo nuevo. Cada tormenta que llegue a tu vida soplando fuerte, se llevará aquellas cosas que han ocupado espacios donde Dios creará cosas nuevas.

Así que, te digo en el nombre de Jesús: En medio de tu tormenta, te levantarás como el renuevo y reconstruirás lo que la tempestad se llevó; pero esta vez será con perfección y con estabilidad de Dios.

Algunos ministerios cristianos, pastores y evangelistas necesitan que un Euroclidón golpee a sus puertas, porque están tan enfocados en sus propósitos y en sus propios planes, que no están pensando en aquellos que están en necesidad y se están muriendo.

Cuando el viento fuerte sacudió a Pablo, los golpeó y los llevó a Malta para sacudir y estremecer esa isla. Hay gente que pierde el tiempo, solo está en los medios de comunicación, en las redes sociales, e invierte tiempo en cosas banales, y los golpes de la tormenta los lleva al ayuno, a la oración, a la visión, a la intimidad, a la manifestación de los dones de la gloria de Dios.

Prepárate, porque Euroclidón va a visitarte y va a empujarte a ciudades para llevar el mensaje de vida y de salvación.

> «La tormenta te direccionará al punto de partida para ver la gloria de Dios».

Agradezco a Dios por esta palabra movilizadora y desafiante para tu vida. Te invito a que continúes leyendo los días que quedan por delante para que recibas la palabra fresca del Espíritu Santo de Dios.

Comenzar el día con Dios es lo mejor.

DÍA 29
No escondas la gloria que hay en ti

«Y aconteció que descendiendo Moisés del monte Sinaí con las dos tablas del testimonio en su mano, al descender del monte, no sabía Moisés que la piel de su rostro resplandecía, después que hubo hablado con Dios» (Éxodo 34:29).

La bendición de Dios sea sobre tu vida. La palabra inspirada por el Espíritu Santo de parte de Dios para hoy será de maravillosa bendición.

Los ayunos de Moisés

En los devocionales previos me refería a Moisés y a los ayunos prolongados que practicaba. Estos eran de cuarenta días y cuarenta noches mientras estuvo delante de Dios. Recuerda que esto ocurrió en dos ocasiones.

La primera fue cuando Moisés descendió, se enojó, se sintió incómodo y rompió las tablas de los diez mandamientos que Dios había escrito. La segunda vez fue cuando Dios le dijo: «Sube al monte con las tablas lisas y ahora escríbelos tú». Para volver a recibir los mismos mandamientos, Moisés tuvo que hacer los mismos días de ayuno.

Debes pagar nuevamente el precio

Muchas veces, por razones equivocadas, inconscientemente rompemos ciertas directivas de Dios porque nos sentimos mal, porque no tenemos ánimo, porque no nos apoyaron, y terminamos quebrando esa relación que tuvimos con Dios.

Pero esa comunión, esa intimidad está rota y queremos volver, imaginamos que debemos hacer lo mismo que la vez anterior, sin el sacrificio que aquella vez hicimos.

Esto no sucedió así con Moisés, Dios le dijo: «¿Tú quieres de nuevo los diez mandamientos? Te tocará ayunar cuarenta días otra vez». El precio que Moisés tuvo que pagar por volver a recibir los diez mandamientos fue hacer cuarenta días y cuarenta noches de ayuno nuevamente.

Muchos de nosotros, para recuperar las cosas que rompimos en el mundo espiritual, en nuestra relación, en nuestra intimidad y pasión por Dios, tendremos que volver a pagar el mismo precio que cuando lo conseguimos por primera vez.

> **«Te animo a que subas al monte y esperes en Dios para que vuelvas a recibir esa visión y esa revelación que alguna vez te ha sido dada».**

La gloria de Dios se refleja

En el último ayuno de cuarenta días, la Palabra de Dios nos presenta algunos versículos que van a ser de gran interés e impacto para tu vida:

«Y aconteció que descendiendo Moisés del monte Sinaí con las dos tablas del testimonio en su mano, al descender del monte, no sabía Moisés que la piel de su rostro resplandecía, después que hubo hablado con Dios» (Éxodo 34:29).

Cuando Moisés estuvo con Dios, la gloria se imprimió en su rostro, en su piel. Su cuerpo fue impactado, afectado por la Presencia de Dios, de tal forma que reflejaba que la gloria de Dios estaba sobre él.

Cuando pasas tiempo con Dios, no tienes que publicarlo en Facebook, ni tienes que decir: «Estuve veinte días con Dios». Eso se nota, se refleja, se percibe. La gente sabe que estuviste con Dios en cuanto entran en contacto contigo.

La Biblia dice que Moisés no sabía que su rostro resplandecía. Muchas veces nosotros mismos no nos damos cuenta del nivel en que estamos hasta que no entramos en contacto con la gente. Ellos nos revelan a nosotros lo que hemos capturado de Dios.

Era tanto el resplandor en el rostro de Moisés que la Biblia declara que tenía que ponerse un velo, porque Aarón y el pueblo de Israel temían y no podían verle el rostro. Moisés necesitaba cubrirse con un velo para poder hablar con el pueblo. Cuando la gente venía a consultar a Moisés y querían hablar con él, le pedían que se pusiera el velo. No podían ver su rostro porque estaba lleno de la gloria de Dios y no soportaban ver la gloria que reflejaba Moisés.

El velo que debía usar Moisés no era por causa de él ni por causa de Dios, sino por causa de las personas. Ellas eran las que no soportaban el reflejo de la gloria. No querían ver el brillo de la gloria de Dios en el rostro de Moisés porque les molestaba a sus ojos.

Pero en el verso 34, dice algo interesante: «*Cuando venía Moisés delante de Jehová para hablar con él, se quitaba el velo hasta que salía; y saliendo, decía a los hijos de Israel lo que le era mandado*».

Moisés se ponía el velo para hablar con la gente, pero se lo quitaba para hablar con Dios. Cuando él estaba en la Presencia de Dios, estaba cara a cara, expuesto a la gloria.

No te escondas

Moisés usaba el velo para los hombres, pero no lo usaba para estar delante de Dios. Por años las opiniones, las críticas y el qué dirán de la gente han creado un velo que te tapa el rostro. Hay personas que literalmente no quieren ver la gloria reflejada en ti, les molesta ver el brillo del poder de Dios en tu vida. Y para no afectar a los demás, terminamos poniéndonos un velo, escondiéndonos y tapando lo que la gloria de Dios nos está revelando.

En este día Dios te está diciendo: «Quítate el velo, no lo uses más. Deja que el pueblo vea la gloria que hay en ti». Dios nunca le dijo a Moisés: «Ponte un velo». El pueblo se lo pidió.

> «No te pongas un velo que Dios no te ha dado,
> no escondas la gloria ni el reflejo de lo que Dios ha
> puesto dentro de ti».

A veces, literalmente somos moldeados por las opiniones, por las críticas, por el qué dirán de los demás. Y tú terminas escondiendo lo que Dios te ha dado por aquellas personas a las que les molesta el don, la Palabra que tienes, tu sueño, la visión y la gloria que reflejas. Ellos quieren llevarte a un punto donde tengas que esconderte y esconder lo que Dios te ha dado. Pero hoy Dios te dice: «Quítate el velo, muéstrate tal y como yo te formé».

Muestra lo que Dios te ha dado. No escondas la gloria que hay dentro de ti. No escondas el brillo. Aunque a muchas personas que no son espirituales les moleste y no quieren reconocer que Dios te ha dado una gracia, una virtud, no te escondas.

Dios te dice: «Ya no uses velo, no escondas lo que yo te he dado; porque te voy a mostrar al mundo, te voy a exponer a la gente para que ellos tengan contacto conmigo».

Cada vez que el pueblo miraba a Moisés sabía que Dios estaba en él. No permitas que la gente te lleve a cubrir con un velo el don, la gloria, la unción, la revelación que el Espíritu Santo te ha dado.

> «No escondas la gloria que hay en ti,
> así dice el Señor».

Agradezco a Dios por esta palabra reveladora que te ha entregado hoy. Espero que a través de tu intimidad con Dios puedas reflejar la gloria de Dios y seas de bendición para miles de personas. Que la paz sea contigo, y que pases un día sin velo en la presencia de Dios.

Comenzar el día con Dios es lo mejor.

DÍA 30

No desistas

«Entonces me dijo: Daniel, no temas; porque desde el primer día que dispusiste tu corazón a entender y a humillarte en la presencia de tu Dios, fueron oídas tus palabras; y a causa de tus palabras yo he venido. Mas el príncipe del reino de Persia se me opuso durante veintiún días; pero he aquí Miguel, uno de los principales príncipes, vino para ayudarme, y quedé allí con los reyes de Persia» (Daniel 10:12-13).

Cada día es un nuevo desafío, por eso, lo mejor es llenarte del Espíritu Santo diariamente. Esta es la palabra que me ha dado para el día de hoy.

Daniel fue uno de los jóvenes que secuestraron de Jerusalén los babilónicos. A partir de ese momento atravesó diversas circunstancias que llegaron hasta comprometer su vida.

Pero un día tuvo una visión que lo llevó a orar. Inicialmente comenzó con una oración de humillación, pero terminó con oración de guerra. Daniel tuvo que permanecer veintiún días en humillación, en ayuno, en quebrantamiento, en fe, expectante de que Dios iba a responder. No desistió.

Dios es real, pero aquellos que se han mezclado tanto con el mundo natural, han dejado de percibir lo espiritual de Dios.

Por tus palabras estoy aquí

Lo primero que debemos aprender es que Dios no escucha palabrería sino corazones quebrantados delante de Su Presencia. Es más beneficioso alguien que se quebrante una hora delante de Jehová, que otro que pase la noche entera peleando con el diablo y con todos los demonios, reprendiéndolos.

En el quebrantamiento, cuando nos humillamos, Dios nos observa y dice: «Si el pueblo sobre el cual mi nombre es invocado se humillare»; o sea que hay gente invocándolo, pero sin estar humillado.

> «Dios no desprecia un corazón contrito, humillado.»

Desde el primer día, la orden fue dada

El ángel le dijo a Daniel: «*Desde el primer día que dispusiste tu corazón a entender y a humillarte en la presencia de tu Dios, fueron oídas tus palabras; y a causa de tus palabras yo he venido. Mas el príncipe del reino de Persia se me opuso durante veintiún días; pero he aquí Miguel, uno de los principales príncipes, vino para ayudarme, y quedé allí con los reyes de Persia. He venido para hacerte saber lo que ha de venir a tu pueblo en los postreros días; porque la visión es para esos días*» (Daniel 10:12-14).

El ángel le estaba diciendo: «Durante veintiún días el diablo quiso detener la bendición». En ocasiones, algunas personas me han dicho: «Pastor, hace quince días que estoy en ayuno, y Dios no me responde». Posiblemente desde el primer día Dios emitió la respuesta, pero hay guerra en los aires, hay demonios que no quieren te levantes e impiden la llegada de la respuesta. Pero tú tienes que permanecer creyendo que la respuesta va a llegar y debes decir: «Confío en mi Dios. Él escucha la oración de la gente de fe. Voy a permanecer creyendo en esa respuesta de Dios. Desde el primer día, la orden fue dada».

Doble cara

Así surge la oración intercesora, la oración de guerra. No estás peleando con el cielo, estás peleando con las tinieblas para que permitan ingresar la respuesta. Ante ese tipo de espíritu no puedes ir llorando. Cuando estás con Dios, tú lloras. Cuando enfrentas al diablo, tienes que ponerte la vestimenta de león. Con Dios andas como cordero; pero cuando el diablo llega, ruges como león.

En ese caso, se te permite tener doble cara: Cara de cordero para atraer a Dios y cara de león para echar al diablo. Hoy se tiene que activar en ti la cara de león. ¿Te sientes listo para rugir?

Cuando estás frente a la Presencia de Dios, eres un cordero que alaba y dice: «Señor, sin ti no vivo, sin ti no existo. Tú eres la razón de mi existir ¡Oh Espíritu Santo! Enséñame, quebrántame, humíllame, rómpeme. Necesito tu presencia».

Pero si luego te dicen: «Mira hijo, hace cinco días que Dios ha respondido a tu oración, pero el diablo está oponiéndose». Entonces tú sueltas la cara de cordero y, levantas la de león, la de guerrero y dices: «Diablo, o te quitas del camino o te paso por encima. Lo que Dios me dio, tú lo vas a soltar para que llegue a mí».

Pablo nos enseña: «*Porque las armas de nuestra milicia no son carnales, sino poderosas en Dios para la destrucción de fortalezas*» (2 Corintios 10:4). También dice: «*Porque no tenemos lucha contra sangre y carne, sino contra principados, contra potestades, contra los gobernadores de las tinieblas de este siglo, contra huestes espirituales de maldad en las regiones celestes*» (Efesios 6:12).

Tú no puedes ir llorando al diablo diciéndole: «Dame lo mío». ¡No! Tus palabras deben ser: «O me lo das o te lo arranco».

Pelea por lo que Dios te ha dado en respuesta a tu pedido. No te resignes ante respuestas que no llegan, muchas de ellas están intervenidas en el mundo espiritual por poderes del mal que no permiten que las bendiciones lleguen. Toma la actitud que corresponda de acuerdo ante quién te estés presentando.

Agradezco a Dios por esta palabra y a ti por mantenerte los treinta días recibiendo devocionales diarios de parte del Espíritu Santo. Espero que sean de gran bendición para tu vida y para tu familia.

Comenzar el día con Dios es lo mejor.

ACERCA DEL AUTOR

PASTOR JUAN CARLOS HARRIGAN

A la edad de 14 años recibió a Cristo como su Salvador personal en San Pedro de Macorís, República Dominicana, un pueblo caracterizado por sus reconocidos jugadores de beisbol. Para ese momento, el joven Juan Carlos ya se dedicaba a jugar beisbol, y cuatro años más tarde, mientras entrenaba, recibió el llamado de Dios para dedicarse a tiempo completo al ministerio de evangelista.

En medio de un sueño, el Señor le permitió verse jugando beisbol en un estadio donde había multitudes de fanáticos. De pronto, observó cómo los jugadores desaparecían del terreno de juego y quedaba él solo. Su ropa de deportista se transformaba en un traje, el bate de beisbol en un micrófono, y las multitudes en personas con Biblias en sus manos. A través de ese sueño, Dios le permitió ver que cuando señalaba a la multitud, las personas caían al suelo bajo el poder del Espíritu Santo. Esto provocó un ardor en su corazón por llevar el Evangelio a todos los que conocía, y tiempo después, al mundo entero.

Desde entonces ha ministrado la Palabra del Señor en los campos, pueblos y estadios. Actualmente, predica en diferentes países de Centroamérica, América Latina, Estados Unidos y parte de Europa.

Recibió una revelación dada por Dios donde le decía cómo su ministerio iba a crecer y a contar con la presencia del Espíritu Santo. Donde quiera que él ha viajado, Dios lo ha respaldado con señales, maravillas y prodigios.

Al día de hoy, Dios ha mantenido Su palabra en él. Por lo cual, el evangelista se reconoce como simplemente un instrumento en las manos del Señor, donde Dios hace conforme a Su gloria, poder y majestad.

A medida que el Espíritu de Dios se manifestaba en su vida, una necesidad surgió en su espíritu, y era la de impactar a las naciones con la gloria del Señor, arrebatar las almas de las manos de Satanás para traerlas al reino de Jesús.

De aquí nace el nombre de su ministerio: «Impacto de Gloria». Desde allí el pastor Harrigan cree firmemente que el ser humano solo necesita ser impactado por la gloria de Dios para que su vida sea transformada, permitiéndole experimentar una comunión íntima con su Creador, que lo capacitará para vivir una vida de abundancia y de victoria.

LA IGLESIA

CENTRO DE AVIVAMIENTO CASA DE DIOS PARA LAS NACIONES

Una casa guiada por el Espíritu Santo

Casa de Dios para las Naciones es una iglesia llena de la presencia de Dios y guiada por el Espíritu Santo con la meta de traer las almas a los pies de Cristo y restaurar a los quebrantados de espíritu.

Somos una plataforma y modelo a seguir que alcanza a miles de personas en el mundo a través de los medios de comunicación y redes sociales. Más que una iglesia, *¡Somos una gran familia!*

CONTÁCTANOS:

📍 1015 Minnesota Ave. Kansas City (Kansas)

📞 +1 (913) 549-3800

✉️ libros@juancarlosharrigan.com

🌐 www.juancarlosharrigan.com

www.impactodegloria.com

Visita a Juan Carlos Harrigan por:

- juan carlos harrigan oficial
- juan carlos harrigan oficial
- juan carlos harrigan oficial

Made in the USA
Columbia, SC
29 September 2024